# Gestão econômica para o setor de serviços

# Gestão econômica para o setor de serviços

Iara Chaves

Rua Clara Vendramin, 58 . Mossunguê
CEP 81200-170 . Curitiba . PR . Brasil
Fone: (41) 2106-4170
www.intersaberes.com
editora@intersaberes.com

| | |
|---|---|
| *Conselho editorial* | Dr. Ivo José Both (presidente), Drª. Elena Godoy, Dr. Neri dos Santos, Dr. Ulf Gregor Baranow |
| *Editor-chefe* | Lindsay Azambuja |
| *Gerente editorial* | Ariadne Nunes Wenger |
| *Assistente editorial* | Daniela Viroli Pereira Pinto |
| *Edição de texto* | Mycaelle Albuquerque Sales, Mille Foglie Soluções Editoriais e Larissa Carolina de Andrade |
| *Capa* | Charles L. da Silva (*design*) Syda Productions/Shutterstock (imagem) |
| *Projeto gráfico* | Sílvio Gabriel Spannenberg |
| *Diagramação* | Conduta Design |
| *Equipe de design* | Charles L. da Silva, Luana Machado Amaro |
| *Iconografia* | Regina Claudia Cruz Prestes |

**Dados Internacionais de Catalogação na Publicação (CIP)**
**(Câmara Brasileira do Livro, SP, Brasil)**

Chaves, Iara
    Gestão econômica para o setor de serviços/Iara Chaves.
Curitiba: InterSaberes, 2021.

    Bibliografia.
    ISBN 978-65-89818-03-8

    1. Economia 2. Macroeconomia 3. Microeconomia 4. Serviços
5. Tomada de decisões I. Título.

21-60372                                                    CDD-658.15

**Índices para catálogo sistemático:**

1. Gestão econômica: Setor de serviços: Administração    658.4012

Cibele Maria Dias – Bibliotecária – CRB-8/9427

1ª edição, 2021.

Foi feito o depósito legal.

Informamos que é de inteira responsabilidade da autora a emissão de conceitos.

Nenhuma parte desta publicação poderá ser reproduzida por qualquer meio ou forma sem a prévia autorização da Editora InterSaberes.

A violação dos direitos autorais é crime estabelecido na Lei n. 9.610/1998 e punido pelo art. 184 do Código Penal.

| | |
|---|---|
| 9 | Apresentação |
| 12 | Como aproveitar ao máximo este livro |

## 19 Princípios de economia

| | |
|---|---|
| 22 | 1.1 Conceito de economia |
| 23 | 1.2 Problema econômico |
| 26 | 1.3 Fatores de produção |
| 26 | 1.4 Setores da atividade econômica |
| 32 | 1.5 Conceito de serviços |
| 34 | 1.6 Relevância do estudo econômico para o setor de serviços |
| 35 | 1.7 Serviços na economia |

## 49 Interesses do mercado

| | |
|---|---|
| 52 | 2.1 Hipótese *coeteris paribus* |
| 52 | 2.2 Lei da demanda |
| 60 | 2.3 Lei da oferta |
| 64 | 2.4 Ponto de equilíbrio |
| 65 | 2.5 Deslocamentos nas curvas de oferta e demanda |
| 68 | 2.6 Interferência governamental no equilíbrio de mercado |
| 69 | 2.7 Elasticidade |
| 70 | 2.8 Elasticidade-preço da demanda ($\varepsilon pd$) |
| 75 | 2.9 Elasticidades de oferta ($\varepsilon po$) |
| 80 | 2.10 Elasticidade de renda |
| 82 | 2.11 Elasticidade cruzada de demanda |

## 87 Produção, custos e receitas

| | |
|---|---|
| 89 | 3.1 Conceitos básicos |
| 92 | 3.2 Definições das empresas sobre a produção |
| 93 | 3.3 Função da produção |
| 94 | 3.4 Curto prazo *versus* longo prazo |

| | |
|---|---|
| 94 | 3.5 Produção com um insumo variável (trabalho) |
| 95 | 3.6 Produto médio e produto marginal |
| 96 | 3.7 Lei dos rendimentos marginais decrescentes |
| 101 | 3.8 Custo de produção |
| 109 | 3.9 Receita total (RT) |
| 110 | 3.10 Lucro (L) |
| 111 | 3.11 Impacto geral da tecnologia nos serviços |
| 116 | 3.12 Aglomeração de empresas |
| | |
| **125** | **Estrutura de mercados** |
| 127 | 4.1 Concorrência pura ou perfeita |
| 133 | 4.2 Monopólio |
| 139 | 4.3 Oligopólio |
| 140 | 4.4 Cartéis |
| 141 | 4.5 Modelo de *mark-up* |
| 142 | 4.6 Concorrência ou competição monopolística |
| 145 | 4.7 Estrutura do mercado de fatores de produção |
| 146 | 4.8 Teoria dos jogos |
| 148 | 4.9 Subsetores dos serviços na economia |
| | |
| **165** | **Indicadores macroeconômicos** |
| 168 | 5.1 Produto Interno Bruto (PIB) |
| 172 | 5.2 Conceitos básicos: produto, renda e despesa agregados |
| 174 | 5.3 Inflação |
| 179 | 5.4 Evolução do crédito e sua aplicabilidade no Brasil |
| 184 | 5.5 Oferta, demanda e seu peso no setor de serviços |
| 187 | 5.6 Comparação entre indicadores: indústria e serviços |
| 191 | 5.7 Produtividade do trabalho: baixo dinamismo |
| 192 | 5.8 Coeficiente de emprego, crescimento setorial do valor adicionado e participação no emprego |
| 193 | 5.9 Estrutura do mercado de serviço |

| | |
|---|---|
| **205** | **Sistema monetário** |
| 208 | 6.1 Moeda |
| 214 | 6.2 Meios de pagamento |
| 216 | 6.3 Política monetária |
| 219 | 6.4 Taxas de juros |
| 222 | 6.5 Política fiscal |
| 224 | 6.6 Política cambial e estratégia de competitividade |
| 226 | 6.7 Crescimento e desenvolvimento econômico |
| 231 | 6.8 Desindustrialização |
| | |
| 242 | Considerações finais |
| 245 | Lista de siglas |
| 249 | Referências |
| 262 | Bibliografia comentada |
| 267 | Respostas |
| 273 | Sobre a autora |

# Apresentação

Planejar e desenvolver um livro consiste em um complexo processo de tomada de decisões. A opção de incluir determinada perspectiva implica a exclusão de outros assuntos igualmente importantes em decorrência da impossibilidade de contemplar todas as suas ramificações.

Ao organizarmos este material, vimo-nos diante de uma infinidade de informações que gostaríamos de apresentar aos interessados na temática aqui enfocada. Fizemos escolhas assumindo o compromisso de auxiliar o leitor na expansão dos conhecimentos sobre a gestão da economia e dos serviços, tornando-os compreensíveis e leves e conferindo-lhes relevância.

Buscando estabelecer um diálogo com diferentes áreas do saber, enfrentamos o primeiro desafio: apresentar a economia e os serviços de modo interdisciplinar, uma estratégia relevante, haja vista que o domínio de conceitos econômicos, a cada dia, torna-se mais e mais importante na vida das pessoas.

Na tentativa de concluir essa difícil tarefa de organizar um conjunto de conhecimentos sobre determinado objeto de estudo, intentamos correlacionar saberes e noções da micro e macroeconomia e enfatizar o quão essenciais são.

A **microeconomia** auxilia na tomada de decisões: exemplificando, na esfera pessoal, como cidadãos, ela se revela na escolha dos produtos que consumimos diariamente; no caso das empresas, ela se manifesta, por exemplo, na análise dos fatos e do cenário econômico, o que possibilita desenvolver um planejamento estratégico, configurando um diferencial em comparação com outros sujeitos/instituições.

Noutras palavras, tratamos aqui de contextos nos quais as empresas e os cidadãos são impactados cotidianamente por ações do governo e dos concorrentes. Trata-se de um conhecimento estimulante e que pode servir de ferramenta para compreender o mundo e orientar-se nele, seja por meio da teoria dos jogos ou até do equilíbrio de Nash, por exemplo. Assim, uma organização pode selecionar a estratégia mais apropriada e eficaz e se antecipar aos passos da concorrência no mercado amplamente competitivo, praticando ações que impactam diretamente as famílias, os colaboradores e a sociedade em geral.

Sob o olhar da **macroeconomia**, nesta obra, explicamos que as políticas públicas e outros eventos afetam a economia em curto e longo prazos, quando, por exemplo, o governo altera a cesta de produtos no mercado ou quando modifica as rendas das famílias por meio dos juros para compra de imóveis financiados em instituições financeiras públicas ou privadas. Essas questões também envolvem o crescimento econômico, a taxa natural de desemprego, a persistência da inflação e os efeitos do endividamento do governo.

Com relação ao setor de serviços, um dos mais heterogêneos e diversos da economia, que vem tomando a frente como grande empregador e se tornando fundamental para o crescimento do Produto Interno Bruto (PIB) brasileiro e dos demais países, estudá-lo, compreendê-lo é uma questão de sobrevivência. Nessa perspectiva, salta aos olhos das empresas a demonstração de que mão de obra especializada, inovação e tecnologia chegaram para ficar.

Contextualizado brevemente o tema desta obra, cabe esclarecermos o que é abordado ao longo de seis capítulos, cada qual reunindo contribuições das duas subáreas da economia por meio da alternância entre momentos de maior e menor rigor no tratamento e na exposição das informações. No Capítulo 1, apresentamos alguns conceitos básicos de economia, como os fatores de produção, os agentes econômicos e a noção de serviços. No Capítulo 2, examinamos interesses do mercado, verificáveis por meio de diversas curvas (de oferta, de demanda, ponto de equilíbrio etc.). No Capítulo 3, discorremos sobre aspectos da produção, dos custos e das receitas, perpassando rendimentos, produtos médio e marginal, custos fixos e variáveis, entre outros tópicos. No Capítulo 4, tratamos das estruturas mercadológicas e das concorrências que estabelecem. No Capítulo 5, analisamos alguns indicadores macroeconômicos, como causas e efeitos da inflação, a participação dos distintos setores no emprego, seus salários e sua participação no PIB dos países. Por fim, no Capítulo 6, abordamos aspectos do sistema monetário, como os tipos de moeda, as políticas fiscais e a distinção ente crescimento e desenvolvimento econômico.

Incluímos seções cujo objetivo é estabelecer um diálogo com você, leitor, simulando situações e promovendo a reflexão sobre elas por meio de exercícios, estudos de caso, leituras de artigos, entre outros materiais. Ademais, cada capítulo é encerrado com uma síntese, o que lhe permite assimilar, revisar e aprofundar os conteúdos mais relevantes.

Esperamos que os pensamentos divergente e convergente exigidos para a realização de tais tarefas – bem como as associações necessárias e a resolução de problemas – tornem sua aprendizagem mais significativa.

# Como aproveitar ao máximo este livro

mpregamos nesta obra recursos que visam enriquecer seu aprendizado, facilitar a compreensão dos conteúdos e tornar a leitura mais dinâmica. Conheça a seguir cada uma dessas ferramentas e saiba como elas estão distribuídas no decorrer deste livro para bem aproveitá-las.

### Conteúdos do capítulo

Logo na abertura do capítulo, relacionamos os conteúdos que nele serão abordados.

### Após o estudo deste capítulo, você será capaz de:

Antes de iniciarmos nossa abordagem, listamos as habilidades trabalhadas no capítulo e os conhecimentos que você assimilará no decorrer do texto.

## Perguntas & respostas

Nesta seção, respondemos às dúvidas frequentes relacionadas aos conteúdos do capítulo.

## O que é

Nesta seção, destacamos definições e conceitos elementares para a compreensão dos tópicos do capítulo.

## Exemplo prático

Nesta seção, articulamos os tópicos em pauta a acontecimentos históricos, casos reais e situações do cotidiano a fim de que você perceba como os conhecimentos adquiridos são aplicados na prática e como podem auxiliar na compreensão da realidade.

**Fique atento!**

Ao longo de nossa explanação, destacamos informações essenciais para a compreensão dos temas tratados nos capítulos.

**Para saber mais**

Sugerimos a leitura de diferentes conteúdos digitais e impressos para que você aprofunde sua aprendizagem e siga buscando conhecimento.

**Indicações culturais**

Para ampliar seu repertório, indicamos conteúdos de diferentes naturezas que ensejam a reflexão sobre os assuntos estudados e contribuem para seu processo de aprendizagem.

## Síntese

Ao final de cada capítulo, relacionamos as principais informações nele abordadas a fim de que você avalie as conclusões a que chegou, confirmando-as ou redefinindo-as.

## Questões para revisão

Ao realizar estas atividades, você poderá rever os principais conceitos analisados. Ao final do livro, disponibilizamos as respostas às questões para a verificação de sua aprendizagem.

## Estudo de caso

Nesta seção, relatamos situações reais ou fictícias que articulam a perspectiva teórica e o contexto prático da área de conhecimento ou do campo profissional em foco com o propósito de levá-lo a analisar tais problemáticas e a buscar soluções.

## Bibliografia comentada

Nesta seção, comentamos algumas obras de referência para o estudo dos temas examinados ao longo do livro.

Number1411/Shutterstock

# Princípios de economia

## Conteúdos do capítulo
- Economia: princípios e setores.
- Setor de serviços sob a ótica do estudo econômico.
- Desenvolvimento do setor de serviços.

## Após o estudo deste capítulo, você será capaz de:
- explicar conceitos, princípios e problemas econômicos fundamentais;
- identificar os fatores de produção;
- conceituar bens e serviços;
- caracterizar os serviços e reconhecer sua relevância econômica.

 estudo econômico compreende duas subáreas: a microeconomia e a macroeconomia, conceitos de extrema importância, visto que auxiliam na tomada de decisões em um ambiente de escassez, seja de empresas privadas, seja de instituições governamentais. A microeconomia contempla uma sequência de passos que contribuem para a compreensão da realidade do negócio e, com base em um conjunto de conhecimentos teóricos, amparam o funcionamento das unidades econômicas pontualmente envolvidas: concorrentes, consumidores, fornecedores, trabalhadores, investidores etc. Isso demanda a análise de aspectos como variações de oferta e procura, melhores preços e condições, comportamento dos concorrentes, escolhas dos consumidores, assim como os controles ou as intervenções governamentais. A macroeconomia, por sua vez, trata das quantidades econômicas agregadas, como crescimento do índice de juros, do desemprego e a perda de valor das moedas.

Assim, a ciência econômica dedica-se a investigar as questões econômicas (ciente de que esse âmbito está atrelado ao sistema político vigente) e a vislumbrar soluções para aprimorar a gestão das organizações e a qualidade de vida dos indivíduos. Neste capítulo, abordaremos algumas de suas definições e perspectivas centrais.

## 1.1 CONCEITO DE ECONOMIA

Segundo Varian (2010, p. 2), "a economia desenvolve-se mediante a elaboração de modelos de fenômenos sociais, que constituem representações simplificadas da realidade". Ela pode ser definida como "a ciência social que estuda como o indivíduo e a sociedade decidem utilizar recursos produtivos escassos, na produção de bens e serviços, de modo a distribuí-los entre as várias pessoas e grupos da sociedade, com a finalidade de satisfazer às necessidades humanas" (Vasconcellos, 2011, p. 3).

Na qualidade de ciência social, a economia estuda a melhor forma de empregar recursos limitados. Somam-se a essa escassez de matérias os desejos humanos (vontade de aquisição – inerente a todos os sujeitos, financeiramente abastados ou não), também restringidos por fatores como: elementos da produção (mão de obra, capital, terras, máquinas e equipamentos), competências para prestação de serviços, orçamento, ambiente, política; e tempo.

### 1.1.1 Microeconomia e macroeconomia

Como explicamos há pouco, a economia ramifica-se em microeconomia e macroeconomia. A primeira analisa o comportamento de origem econômica individual (investidores, empresas, fornecedores etc.) e a inter-relação dos mercados, ao passo que a segunda examina a atividade econômica integralmente (agregados econômicos) – ou seja, englobando elementos como inflação, preço, exportação, importação etc. –, permitindo que dirigentes ou governantes investiguem globalmente a economia e identifiquem quais ativos nela interferem.

### Perguntas & respostas

1. Há relação direta entre macroeconomia e microeconomia?
Sim. Ambas influenciam o dia a dia das pessoas, refletindo, por exemplo, no aumento ou na redução do consumo de produtos. Se a população consome frango e o país precisa exportá-lo, porque os preços no mercado internacional

estão competitivos, tal fato diminuiria fatalmente a oferta de frango no mercado interno. Por isso, o preço desse item provavelmente subiria e as pessoas teriam de trocá-lo por outro produto com menor preço e que também satisfizesse sua necessidade. Nesse exemplo, a microeconomia estudaria o comportamento dos consumidores, e a macroeconomia, os preços e a exportação.

## 1.2 Problema econômico

Há um problema econômico sempre que se utilizam recursos para suprir anseios ou necessidades do indivíduo. Esses itens são, em razão dessa aplicação, chamados de *fatores de produção* e englobam tanto aqueles que o ser humano não precisa alterar, transformar ou beneficiar (água, vegetais, minerais etc.) quanto os físicos e mentais cuja existência depende de ferramentas e máquinas. São chamados de *bens* e, quando intangíveis, de *serviços*, que igualmente suprem carências de higiene, educação, entre outras.

Os problemas econômicos estão ligados à limitação de recursos, e as consequências disso são enfrentadas por organismos ou regimes políticos, que se veem obrigados a definir prioridades, o que configura uma adversidade econômica primordial. Se essa escassez inexistisse,

> ou seja, se todos os bens fossem abundantes (bens livres), não haveria necessidade de estudarmos questões como inflação, crescimento econômico, déficit no balanço de pagamentos, desemprego, concentração de renda etc. Esses problemas provavelmente não existiriam (e obviamente nem a necessidade de se estudar Economia. (Vasconcellos, 2011, p. 3)

Assim, busca-se sempre otimizar a aplicação de recursos, ofertando o máximo possível de bens e serviços às sociedades. Nesse sentido, a microeconomia orienta como compradores podem destinar eficazmente seu limitado rendimento à compra de bens e serviços à disposição, bem como de que maneira trabalhadores podem dedicar seu tempo ao trabalho em vez de ao lazer ou a um ofício em detrimento de outro. Ademais, esclarece como empresas podem designar efetivamente recursos financeiros para a contratação de mão de obra adicional, a compra de novos equipamentos ou, ainda, a fabricação de um bem específico em lugar de outro (Pindyck; Rubinfeld, 2013).

Portanto, a ciência econômica advém da restrição, da urgência de controlar itens exíguos, o que é feito considerando-se questões como:

- ❖ **O que e quanto produzir?**: A coletividade decide se serão fabricados mais bens de consumo ou bens de capital, e sua quantidade é determinada pela relação entre a oferta (quem vende) e a procura/demanda (quem compra). A demanda, por seu turno, é influenciada pelo nível de renda dos consumidores e pela fração limitada de itens fabricados. Por exemplo, uma sociedade opta por produzir mais frangos do que canetas, fixando, em seguida, o número de itens criados e quanto recurso deve ser investido em tal processo.
- ❖ **Como produzir?**: O modo de produção concerne à eficiência desse processo e da tecnologia empregada. A seleção do método (intensivo em capital ou em mão de obra) e da tecnologia é feita em função dos recursos disponíveis em cada país. Apesar disso, podem-se adquirir tais ferramentas de outras nações, pagando-lhes os direitos (*royalties*) pelo investimento em pesquisa e desenvolvimento (PeD).
- ❖ **Para quem produzir?**: Ainda, a coletividade determina quais categorias serão beneficiadas pela distribuição e qualidade do produtivo, pela expectativa de obtenção de lucro, pela característica da mão de obra etc. Por exemplo, focalizar o mercado internacional em vez de, no interno, a Região Sudeste.

A seguir, ilustramos as questões anteriores com um exemplo.

Quadro 1.1 – Problema econômico na prática

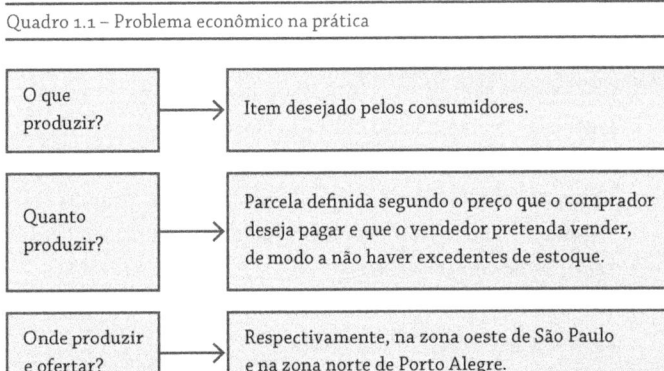

Fonte: Elaborado com base em Vasconcellos, 2011.

A depender da raridade, os bens são categorizados em **bens livres e bens econômicos**. Os primeiros são encontrados em percentuais quase intermináveis e obtidos com pouco ou nenhum esforço humano, não sendo precificáveis, como é o caso do ar. Já os segundos são obtidos com certa dificuldade ou produzidos com considerável esforço humano, sendo precificáveis (Nogami; Passos, 2016).

Os bens econômicos são, ainda, subdivididos entre **bens materiais e serviços** (ou bens imateriais). Os materiais apresentam forma física, com peso, dimensão etc., como é o caso de automóveis e relógios, ao passo que os imateriais não a têm, como é o caso de uma consulta com fisioterapeuta ou uma aula de pilates.

Quanto à destinação, os bens são assim categorizados: de capital, de consumo, intermediários e finais.

❖ **Bens de capital:** São usados para fabricar outros bens, mas não se extinguem durante esse processo – é o caso de máquinas e prédios. Cabe destacar que a terra, o espaço em si, não se enquadra nessa categoria, sendo um fator de produção.

- Bens de consumo: Destinam-se exclusivamente ao atendimento das satisfações humanas. De acordo com seu tempo útil, podem ser duráveis (micro-ondas, máquina secadora, motocicleta etc.) ou não duráveis (sorvete, chocolate etc.).
- Bens intermediários: Transformam-se ou são incorporados na fabricação de outros bens, contexto no qual se esgotam – é o caso de bobinas de aço, borracha, celulose, serviços de computação etc.
- Bens finais: São os itens já transformados, ou seja, finalizados e prontos para consumo.

## 1.3 Fatores de produção

Os fatores de produção permitem que mercado e empresas materializem os bens. Portanto, conforme a teoria econômica clássica, toda a execução do processo produtivo está sujeita a esses quatro fatores essenciais:

1. Terra: Refere-se tanto às terras disponíveis (para cultivo ou urbanas) quanto aos recursos naturais (solo, flora e fauna; energia eólica, entre outros).
2. Trabalho: Corresponde à mão de obra, o que compreende capacidades físicas e cognitivas de cada indivíduo como força de trabalho.
3. Capital ou bens de capital: Trata-se de utensílios, indústrias, inovações e demais componentes do processo produtivo.
4. Tecnologia: Concerne aos conhecimentos e às habilidades de que as sociedades dispõem.

## 1.4 Setores da atividade econômica

A atividade econômica caracteriza-se pela produção e oferta de um conjunto diversificado de bens e serviços, o qual engloba, conforme Souza (2007), três grandes setores:

1. Primário: Formado por práticas que exploram intensivamente recursos naturais, como pesca e extrativismo.
2. Secundário: Constituído por atividades industriais responsáveis por manufaturar bens, como tecidos e bebidas.
3. Terciário: Composto de prestações de serviços, como logística, aviação e educação.

Você sabe quantos serviços existem? Essa é uma questão complexa, pois tudo o que não integra os setores primário (oferece produtos extraídos da natureza) e secundário (processa e transforma a matéria-prima oriunda do setor primário) caracteriza-se como serviço, e a cada dia emergem mais demandas para a criação de serviços.

## 1.4.1 Remuneração dos proprietários de recursos produtivos

Independentemente de seu ramo de atuação (agrícola, industrial ou de serviços), para funcionar, qualquer empresa precisa de recursos produtivos. Quando o empresário tem fundos insuficientes para a compra de elementos como máquinas, matéria-prima etc., pode recorrer a empréstimos. Resolvida essa problemática, emprega trabalhadores para operar os bens de capital de forma a converter os bens intermediários em produtos. Nesse sentido, "o preço pago pela utilização dos serviços dos fatores de produção vai se constituir na renda dos proprietários desses fatores" (Nogami; Passos, 2016, p. 14).

O fator trabalho recebe a remuneração, denominada *salário*, por disponibilizar seu tempo e suas habilidades. O fator terra é obtido de duas maneiras:

1. O proprietário da terra e/ou prédio pode ceder ao empresário o direito de uso do local durante um ano, um semestre ou qualquer outro período. Nesse caso, deve-se pagar continuamente por isso, ou seja, liquidar aluguéis.

2. O proprietário pode vender a terra e/ou prédio de uma só vez, transmitindo ao seu novo dono a permissão para usá-la. Nesse caso, o proprietário tem como retorno o lucro socializado pelos empresários.

## Perguntas & respostas

2. É frequente as pessoas comuns aconselharem umas às outras que, caso não saibam em que investir seu dinheiro, devem destiná-lo à aquisição de terrenos. Essa orientação é pertinente?

Sim. Entre os fatores de produção, como mencionamos, a terra é primordial, o de maior valor econômico, visto que todas as atividades dependem dela, da agricultura à extração de petróleo. Sem ela, é impossível cultivar os alimentos que asseguram a subsistência da humanidade, assim como sua moradia, suas fábricas e seus depósitos.

Outra forma de uma empresa conseguir bens de capital sem remunerar rigorosamente por eles é, em vez de locá-los, solicitar um empréstimo e usar o montante para adquiri-los, pagando juros (rendimento pelo uso do capital) sobre essa operação. Nesse contexto, o lucro representa a recompensa do excedente da capacidade produtiva da empresa (Nogami; Passos, 2016).

O quadro a seguir sintetiza a explanação feita até aqui.

Quadro 1.2 – Fatores de produção e respectivas remunerações

| Fator | Remuneração |
|---|---|
| Trabalho | Salário |
| Capital | Juros |
| Terra e/ou instalações | Aluguel |
| Tecnologia | *Royalty* |
| Capacidade empresarial | Lucro |

Fonte: Elaborado com base em Garcia; Vasconcellos, 2009.

## 1.4.2 Agentes econômicos

Os agentes econômicos são todos aqueles que contratam, ou melhor, negociam (compra e venda) entre si no mercado, impulsionando a economia. São eles:

- **Famílias:** Todos os indivíduos que desempenham o papel de consumidores de bens e serviços. Além disso, fornecem ao mercado os fatores de produção.
- **Empresas:** Unidades produtivas encarregadas da produção e da comercialização de bens e serviços, cujo propósito máximo é a maximização do próprio lucro.
- **Governo/Estado:** Instituição cuja função, entre outras, é corrigir as falhas do mercado, como a incapacidade de se autoajustar, para atender a famílias de baixa renda ou superar intempéries (como enchentes, secas, *superavit* no setor primário etc.), por exemplo. Assim, por meio de políticas públicas, o Estado intervém para equilibrar as relações mercadológicas entre empresas e consumidores (Vasconcellos; Garcia, 2004).
- **Mundo:** Relações comerciais e de troca entre diferentes países. Hoje em dia, com o crescimento dessas conexões comerciais, uma consequência do processo de globalização, o mundo pode ser considerado um agente econômico, uma vez que os mercados externos têm a possibilidade de agir como consumidores das mercadorias produzidas pelo país, e, conjuntamente, as famílias de um país podem consumir mercadorias produzidas no exterior mediante importação de produtos.
- **Mercado:** Relação entre famílias (consumidores) e empresas (planta produtiva). Assim, *mercado* designa

> um grupo de compradores e vendedores que estão em contato suficientemente próximo para que as trocas entre eles afetem as condições de compra e venda dos demais. Um mercado existe quando compradores que pretendem trocar dinheiro

por bens e serviços estão em contato com vendedores desses mesmos bens e serviços. Desse modo, o mercado pode ser entendido como o local, teórico ou não, do encontro regular entre compradores e vendedores de uma determinada economia. Em todo o mercado, o preço atua como mecanismo que regula as trocas. O comprador e o vendedor chegam a um acordo em relação ao preço de determinado bem. É importante ter em mente que o preço influencia na procura por um bem. Por exemplo, se determinado bem estiver com um preço baixo, possivelmente as pessoas comprarão mais desse bem, se ele estiver mais caro, as pessoas, no geral, tendem a substitui-lo por outro bem. (Sandroni, 1999, p. 378)

**Perguntas & respostas**

3. O governo pode intervir como agente econômico no caso de aumento de pessoas em situação de pobreza ou perda de renda no país?

Sim. É um exemplo disso o programa Bolsa Família, que atende a famílias carentes, com baixa ou nenhuma renda. Em situações de calamidade pública, como a pandemia de Covid-19, pode intervir por meio de auxílios emergenciais, o que dá suporte a pessoas sem renda e movimenta a economia do país.

### *Exemplo prático*

Conforme comentamos, os agentes econômicos, sobretudo o Estado, visam corrigir as falhas do mercado caso ocorram *deficits* no setor primário. Por exemplo, a baixa produção de trigo no Brasil, *commmodity* em que ainda não é autossuficiente, ocasiona sua oferta bastante limitada no mercado. Para que o preço do pão e de outros itens cuja matéria-prima é a farinha de trigo não alcancem preços muito altos, o governo pode intervir importando esse insumo de outros países, com o fito de equilibrar a oferta e a demanda e manter preços adequados.

## 1.4.3 Desenvolvimento do sistema econômico

O sistema econômico desenvolve-se da seguinte maneira:

- ❖ O setor fabril, para produzir bens e serviços, dispõe de meios para produção. Pelos recursos de que precisam, as empresas pagam por meio de salários (para os operários), arrendamento (pelas instalações), juros (pelos recursos) e rendimentos (para os proprietários).
- ❖ O salário obtido permite ao indivíduo adquirir bens e serviços ofertados pelas indústrias, ou seja, o indivíduo usa seu salário para comprar itens essenciais para seu sustento e bem-estar.

Esse contato entre população e indústrias resulta, de acordo com Silva e Luiz (2001), em dois fluxos: (1) de bens e serviços; (2) monetário. A primeira movimentação é conhecida como *fluxo real*, ou *fluxo do produto*, e representa o total de bens e serviços finais fabricados, configurando a **oferta** da economia. A segunda movimentação, conhecida como *nominal*, inclui o montante do pagamento pelos meios de produção, que engloba as rendas e os desembolsos das famílias, assim como os gastos e os rendimentos das empresas (Souza, 2007), estabelecendo, assim, a **demanda** da economia.

A relação entre oferta e demanda define os **preços de mercado** de cada bem ou serviço. Essas duas funções são as mais importantes de um sistema econômico e estruturam o mercado. Em outras palavras, o mercado é formado pelas movimentações real e monetária (ou fluxos real e nominal).

### Perguntas & respostas

4. Quem coordena o processo produtivo (quem produz, como o faz e como distribui seus resultados)?

O sistema econômico determina como as sociedades se organizam em termos econômicos e sociais para executar atividades econômicas e produtivas.

## 1.5 Conceito de serviços

Conforme o Instituto Nacional de Pesquisa Econômica Aplicada (Ipea, 1998), na década de 1930, os serviços passaram a compor a análise econômica, inicialmente sob o nome genérico de *terciário*. Nessa perspectiva, os autores principais foram Fisher e Clark.

Fisher (1933, citado por Ipea, 1998) foi o primeiro a sugerir uma divisão das atividades econômicas em primárias, secundárias e terciárias, tipificando-as para cada caso. Para o teórico, o setor terciário abarcaria as empresas que produzissem bens imateriais. Clark (1940, citado por Ipea, 1998) reiterou as ideias de Fisher com relação à segmentação da produção econômica em três grandes setores.

Clark publicou *The Conditions of Economic Progress* em 1940, cunhando a expressão *serviços*, porque acreditava ser a mais adequada para expressar a significativa variedade de atividades integrantes. A troca da palavra *terciário* por *serviços* foi proposta por Clark porque tal termo evidencia uma florescente diversificação (Ipea, 1998).

De acordo com Fitzsimmons e Fitzsimmons (2011), embora haja muitas definições de *serviços*, todas remetem a sua **intangibilidade** e seu **consumo concomitante**.

Segundo Zeithaml e Bitner (1996, p. 5), serviços são "atos, processos e o desempenho de ações". Já para Gronroos (1990, p. 27),

> Serviço é uma atividade ou uma série de atividades de natureza mais ou menos intangível que normalmente, mas não necessariamente, ocorre em interações entre consumidores e empregados de serviços e/ou recursos físicos ou bens e/ou sistemas do fornecedor do serviço, que são oferecidos como soluções para problemas do consumidor.

O Instituto Brasileiro de Geografia e Estatística (IBGE, 2017, p. 2), por sua vez, considera serviços "o conjunto de atividades em que a produção e o consumo ocorrem ao mesmo tempo. Essas atividades podem ser oferecidas para consumo de famílias ou empresas, diferenciando-se não só pelo destino final dos serviços, mas também pela intensidade do uso de tecnologias".

Em outras palavras, serviços são atividades econômicas ofertadas de um indivíduo ou corporação para outro indivíduo ou corporação, observando reiteradamente a *performance* com base em um período de tempo, ocasionando resultados desejados nos próprios clientes, em produtos ou em outros bens, como uma peça de teatro, o transporte de mercadorias ou um *show* de música. Em contrapartida, pelo seu dinheiro e seu esforço, os clientes de serviços esperam lograr valor com a obtenção de bens, mão de obra, instrução profissional, aparelhagem, sistemas. Entretanto, geralmente eles não dispõem de nenhum elemento corpóreo envolvido (Lovelock; Wirtz, 2007, p. 6).

## 1.5.1 Serviços como facilitadores

Firmas prestadoras de serviços podem oferecê-los às indústrias de maneira mais econômica e eficaz do que elas poderiam entregar a si mesmas. Diante disso, é cada vez mais comum que atividades como propagandas e assessoria financeira sejam fornecidas ao setor industrial por empresas de serviços, permitindo que ele mantenha o foco na produção ao passo que estas desempenham funções que as organizações desse nicho não executariam tão bem, como recrutar, selecionar, divulgar etc.

Nessa conjuntura, do sistema político espera-se que desempenhe seu papel fundamental: de promover um ambiente confiável para investimentos e crescimento econômico. Serviços como educação, saúde, manutenção de estradas, fornecimento de água, segurança pública e preservação do meio ambiente devem ser prioridades para que a economia de todo país e sua população desenvolvam-se de maneira sadia e constante.

A figura a seguir sintetiza as funções do referido setor.

Figura 1.1 – Papel dos serviços na economia

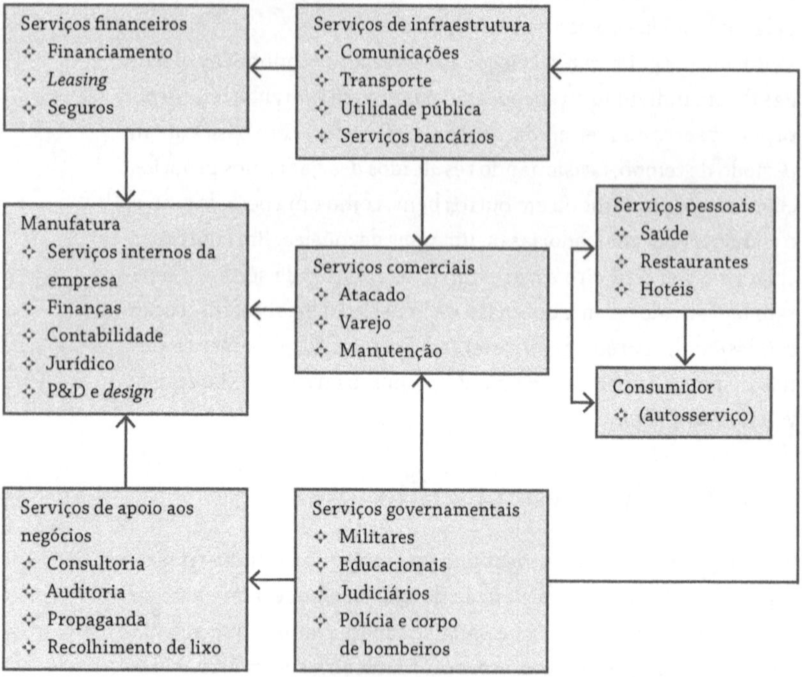

**Serviços financeiros**
- Financiamento
- *Leasing*
- Seguros

**Serviços de infraestrutura**
- Comunicações
- Transporte
- Utilidade pública
- Serviços bancários

**Manufatura**
- Serviços internos da empresa
- Finanças
- Contabilidade
- Jurídico
- P&D e *design*

**Serviços comerciais**
- Atacado
- Varejo
- Manutenção

**Serviços pessoais**
- Saúde
- Restaurantes
- Hotéis

**Consumidor**
- (autosserviço)

**Serviços de apoio aos negócios**
- Consultoria
- Auditoria
- Propaganda
- Recolhimento de lixo

**Serviços governamentais**
- Militares
- Educacionais
- Judiciários
- Polícia e corpo de bombeiros

Fonte: Guile; Quinn, 1988, p. 214, citados por Fitzsimmons; Fitzsimmons, 2011, p. 27.

É fundamental reconhecer que os serviços são parte importante da economia e indispensáveis para que ela se mantenha forte e competitiva. Portanto, auxiliando nas atividades de produção de bens dos setores industriais, os serviços atuam como forças decisivas de transição em direção a uma economia globalizada (Fitzsimmons; Fitzsimmons, 2011).

## 1.6 RELEVÂNCIA DO ESTUDO ECONÔMICO PARA O SETOR DE SERVIÇOS

O avanço da participação do emprego e do valor agregado dos serviços estimula a buscar um melhor entendimento sobre as especificidades das atividades desse setor, o qual conquista, cada vez mais, importância.

As características dos serviços têm sido multiplicadas por diversas metodologias de transformação inseridas pelo hodierno modelo econômico e de inovação. No cerne da revolução tecnológica, apresentam-se novos produtos e gera-se um processo de reestruturação caracterizado pela maior produtividade e pela globalização das praxes econômicas. Com o emprego de novas tecnologias, tem-se percebido o advento de novos serviços, tornando-os matéria indispensável para os demais setores econômicos, em especial, para a indústria. Assim, isso imputa novas exigências à coletividade no terreno da educação, do treinamento e da saúde.

Ademais, certifica-se a impossibilidade de oferecer tratamento igualitário a serviços tão distintos como os financeiros, os jurídicos, as telecomunicações e seus aliados tradicionais, os de logística, de comércio e de conservação. A estes reúnem-se os serviços oferecidos à sociedade pelos diversos setores do governo, como: a segurança nacional, o policiamento e os serviços privativos para o atendimento de demanda particular. O setor de serviços abarca, ainda, setores com menor notoriedade, como os serviços doméstico e da construção civil, que empregam boa parte da mão de obra com baixa escolaridade, expondo a diversidade no avanço dos subsetores que constituem o setor de serviços (Ipea, 1998).

## 1.7 SERVIÇOS NA ECONOMIA

Na atualidade, está em curso a maior transmigração de mão de obra desde a Primeira Revolução Industrial. A transmigração da agricultura e da indústria para os serviços é uma realidade no Brasil e no mundo. Esse fenômeno é impulsionado pelas notícias globais, pelo avanço de negócios e da inovação, pela urbanização e pelo baixo impacto do custo da mão de obra. Os setores de serviços são os primeiros em todos os países industrializados e oferecem novos empregos que regem as economias nacionais e têm a capacidade de aumentar a qualidade de vida de todos. Muitos desses serviços destinam-se à mão de obra de conhecimento diferenciado e contam com o crescimento projetado tanto para os profissionais quanto para as empresas (Fitzsimmons; Fitzsimmons, 2011).

Compreender o comportamento das empresas que atuam nesse âmbito, pela ótica do faturamento, é proveitoso para identificar aspectos que atestam a importância econômica de suas atividades e como isso pode ter-se alterado no tempo. O ganho ou a perda de participação na receita por parte de setores mais intensivos em conhecimento pode ser um indicativo, respectivamente, de evolução ou de retrocesso nos níveis de competividade da economia como um todo. Deduzindo-se da receita bruta os impostos, as contribuições, as vendas canceladas e os descontos incondicionais, chega-se à receita operacional líquida do setor de serviços, que em 2017 somou R$ 1,5 trilhão no contexto nacional (IBGE, 2017).

### 1.7.1 Evolução dos serviços no Brasil e no mundo

O setor de serviços no Brasil responde por uma parte essencial da criação de emprego e de renda, tal como nas economias desenvolvidas. Esse desenvolvimento na estrutura do emprego e do Produto Interno Bruto (PIB) por outros setores econômicos apresenta características de terceirização equivalentes, ou seja, o setor terciário comprova sua grande importância na economia nacional, a qual tem nesse segmento, há vários anos, boa parcela da composição do PIB (Ipea, 1998; Brasil, 2013).

**Para saber mais**

Você sabia que o Ipea é uma fundação pública federal vinculada ao Ministério da Economia? A instituição disponibiliza estudos sociais e econômicos, que auxiliam o governo em políticas públicas, assim como pesquisadores, por meio dos dados obtidos. Em 2013, o Ipea publicou o primeiro *Atlas Nacional de Comércio e Serviços*, com informações sobre o setor. Esse documento pode ser acessado em:

BRASIL. Instituto Brasileiro de Geografia e Estatística. Atlas Nacional de Comércio e Serviço. 2013. Disponível em: <https://www.ibge.gov.br/geociencias/atlas/tematicos/16363-atlas-nacional-de-comercio-e-servico.html?=&t=o-que-e>. Acesso em: 1º abr. 2021.

A representação do setor terciário passou de 69% do valor que a atividade agrega aos bens e serviços consumidos, em 1997, para 73% em 2018, como atestam dados das Contas Nacionais do Trimestre, coletados pelo IBGE. A Pesquisa Mensal de Serviços, coordenada pelo mesmo órgão, permite acompanhar o crescimento do volume de serviços acumulado em 12 meses, que foi positivo em 2013 (4,1%) e em 2014 (2,5%) (Brasil, 2021).

De acordo com a Pesquisa Nacional por Amostra de Domicílios Contínua (Pnad Contínua), também do IBGE, no segundo trimestre de 2016, mais de dois terços (67,7%) da população trabalhava no setor de terciário (serviços), 14,2%, na indústria, 10,4%, no setor primário, e 7,7%, na construção.

### Para saber mais

Você sabia que a PNAD Contínua realiza trimestralmente o levantamento de informações conjunturais sobre as tendências e as flutuações de mão de obra, bem como sobre o faturamento anual dos setores econômicos? Acessando o *link* a seguir, é possível examinar e compreender esses dados.

BRASIL. Instituto Brasileiro de Geografia e Estatística. Pesquisa Nacional por Amostra de Domicílios Contínua: PNAD Contínua. Disponível em: <https://www.ibge.gov.br/estatisticas/sociais/populacao/17270-pnad-continua.html?edicao=18971Et&t=sobre>. Acesso em: 1º abr. 2021.

Entre 2012 e 2015, o setor terciário teve um aumento de quase 2,5% de participação da mão de obra ocupada, diante de uma redução de 1,4% no setor primário e de 0,5% nos setores de construção e indústria.

O setor de serviços é formado por 62,4 milhões de trabalhadores, representando, nas últimas décadas, quase dois terços do emprego urbano nas regiões metropolitanas.

No âmbito global da economia, o crescimento das atividades de serviços evidencia uma das mais importantes transformações introduzidas na realidade de negócios do século XX. Apesar de, nos quase 300 anos de desenvolvimento da ciência econômica, pouca ou quase nenhuma importância ter sido atribuída aos serviços, é incontestável que, no início da Revolução Industrial, ela era infinitamente menor do que a atual. Mesmo assim, os serviços são ainda uma parte pouco compreendida da economia.

Observe a tabela a seguir.

Tabela 1.1 – Principais variações da receita operacional líquida nas empresas prestadoras de serviços não financeiros (%)

| Serviços | 2008 | 2017 | Variação (p.p) |
|---|---|---|---|
| Alimentação | 5,3 | 7,8 | 2,5 |
| Tecnologia da informação | 6,2 | 8,0 | 1,8 |
| Transporte rodoviário de cargas | 10,0 | 11,0 | 1 |
| Transporte rodoviário de passageiros | 5,3 | 4,3 | -1 |
| Telecomunicações | 18,1 | 10,6 | -7,5 |
| Edição e edição integrada à impressão | 2,5 | 1,1 | -1,4 |

Fonte: Elaborado com base em IBGE, 2017.

Analisando-se os seis grandes segmentos de serviços, verifica-se que as variações das receitas operacionais líquidas nas empresas prestadoras de serviços não financeiros permaneceram quase inalteradas, indo de 10% a 11%. A maior queda foi registrada nos serviços de telecomunicação, com -7,5%, ao passo que os de tecnologia da informação e os de alimentos registraram os maiores crescimentos, 1,8% e 2,5%, respectivamente.

Analise a tabela adiante.

Tabela 1.2 – Dados econômicos de empresas de serviços em 2017

| | Receita operacional líquida | Valor adicionado | Salários, retiradas e outras remunerações | Pessoal ocupado em 31/12 | Número de empresas |
|---|---|---|---|---|---|
| | Mil reais | Mil reais | Mil reais | Pessoas | Unidades |
| 1. Total | 1.522.639.680 | 904.949.503 | 337.003.030 | 12.310.838 | 1.327.772 |
| 2. Serviços prestados às famílias | 184.371.789 | 102.049.852 | 49.573.274 | 2.779.022 | 397.508 |
| 3. Serviços de informação e comunicação | 341.045.745 | 181.202.959 | 55.451.620 | 981.890 | 104.388 |
| 4. Serviços profissionais, administrativos e complementares | 400.204.941 | 297.443.807 | 119.023.416 | 4.918.316 | 424.666 |
| 5. Transportes, serviços auxiliares aos transportes e correio | 448.141.664 | 219.780.870 | 83.568.542 | 2.512.353 | 189.253 |
| 6. Atividades imobiliárias | 36.308.586 | 29.210.610 | 4.794.687 | 237.419 | 65.840 |
| 7. Serviços de manutenção e reparação | 25.801.437 | 16.032.669 | 8.251.357 | 413.606 | 100.187 |
| 8. Outras atividades de serviços | 86.765.518 | 59.228.736 | 16.340.134 | 468.232 | 45.930 |

Fonte: IBGE, 2021.

Como é possível notar, as empresas prestadoras de serviços não financeiros empregaram cerca de 12,3 milhões de pessoas em 2017. O setor de serviços profissionais, administrativos e complementares registrou a maior participação no emprego, sendo responsável por 4,9 milhões do total do pessoal ocupado, seguido pelo de serviços prestados a famílias e pelo de transportes e correio, com 2,7 e 2,5 milhões de funcionários, respectivamente (IBGE, 2021).

**Para saber mais**

Confira o artigo sobre o setor de serviços e sua produtividade escrito por Fernanda Della Rosa, economista e conselheira suplente do Conselho Regional de Economia (Corecon) de São Paulo (2020-2023). Com base em dados de 2019, o texto apresenta considerações sobre as características das empresas de serviços, assim como informações concernentes à participação da mão de obra e ao custo de salários e produtividade no setor em questão.

ROSA, F. D. O setor de serviços e a produtividade no Brasil. Cofecon, 4 fev. 2020. Disponível em: <https://www.cofecon.org.br/2020/02/04/artigo-o-setor-de-servicos-e-a-produtividade-no-brasil/>. Acesso em: 1º abr. 2021.

O progresso tecnológico e a globalização, postos em marcha desde 1980, tornaram urgente a necessidade de os países prepararem-se para as constantes e rápidas trocas internacionais, decorrentes da modernização e da expansão das modalidades de serviços. Isso vêm ocorrendo mais fortemente entre as atividades de economias avançadas, e as empresas seguem reestruturando-se geograficamente com vistas à competição em nível mundial, reconhecendo as vantagens de cada país. Essas vantagens referem-se à redução dos custos do trabalho, à proximidade do mercado consumidor, às condições ambientais etc., que favorecem a multinacionalização de seu capital e a continuidade do atendimento da demanda em grandeza internacional. O realocamento de empresas multinacionais e transnacionais de serviços em direção a países em desenvolvimento é consequência dessa mudança de cenário.

Nesse contexto, os componentes dos métodos produtivos tornaram-se semelhantes, suscitando o acúmulo de capital e de mercados, assim como o fortalecimento de oligopólios. Todavia, frequentemente as estruturas de mercado assumem rigidez excessiva diante dos novos paradigmas, cuja base são as flexibilidades produtiva e distributiva (Negri; Kubota, 2006).

Nas diversas economias nacionais, a rapidez da internacionalização das tarefas, em grande parte, sofre influência das políticas públicas internas compatíveis com os requisitos do aumento das trocas entre países. Isso incidiu fortemente sobre a natureza e a segmentação nacional e a internacional do trabalho (Negri; Kubota, 2006).

No início do século passado, somente 30% dos trabalhadores nos Estados Unidos estavam empregados no setor de serviços. Os demais trabalhavam na agricultura e na indústria. Em 1950, o nível de empregos na área de serviços alcançou metade da força de trabalho. Na contemporaneidade, o setor de serviços estadunidense emprega aproximadamente 80% da força de trabalho. No decorrer dos últimos 90 anos, houve uma evolução primordial na sociedade, agora predominantemente alicerçada em serviços, e não mais na manufatura (Fitzsimmons; Fitzsimmons, 2011).

Na tabela a seguir, destacamos a variação do índice de empregos dos três maiores setores empregadores. Observe a migração da mão de obra para o setor terciário entre 1980 e 2012 nas 10 maiores nações pós-industriais.

Tabela 1.3 – Empregos por setor, de 1980 a 2012, em (%)

| País | 1980 | | | | 2012 | | | |
|---|---|---|---|---|---|---|---|---|
| | Agricultura | Indústria | Serviços | Desempregados | Agricultura | Indústria | Serviços | Desempregados |
| Estados Unidos | 2,0 | 17,3 | 39,8 | 40,8 | 0,9 | 10,1 | 47,6 | 41,4 |
| Austrália | 3,8 | 16,7 | 37,8 | 41,7 | 1,8 | 12,2 | 48,7 | 37,3 |
| Canadá | 3,0 | 16,5 | 40,9 | 39,7 | 1,4 | 12,0 | 49,1 | 37,5 |
| França | 5,6 | 19,1 | 28,1 | 47,2 | 1,5 | 10,3 | 38,5 | 49,7 |
| Alemanha | 2,8 | 22,8 | 27,6 | 46,9 | 0,9 | 15,0 | 40,0 | 44,0 |
| Itália | 6,5 | 17,0 | 22,4 | 54,0 | 1,6 | 11,6 | 30,5 | 56,3 |
| Japão | 6,2 | 21,5 | 33,6 | 38,7 | 2,1 | 13,9 | 40,2 | 43,8 |
| Coreia do Sul | 19,0 | 16,0 | 20,9 | 44,1 | 3,7 | 14,2 | 41,5 | 40,6 |
| México | N/D | N/D | N/D | N/D | 7,5 | 13,0 | 34,9 | 44,5 |
| Holanda | 2,7 | 15,5 | 33,9 | 47,9 | 1,7 | 9,9 | 49,7 | 38,6 |
| Nova Zelândia | N/D | N/D | N/D | N/D | 4,3 | 12,1 | 47,1 | 36,5 |
| África do Sul | N/D | N/D | N/D | N/D | 2,0 | 9,4 | 29,6 | 59,0 |
| Espanha | 8,3 | 16,1 | 20,3 | 55,3 | 1,9 | 8,8 | 34,1 | 55,2 |
| Suécia | 3,7 | 20,7 | 41,3 | 34,4 | 1,3 | 11,2 | 47,6 | 39,9 |
| Peru | N/D | N/D | N/D | N/D | 10,2 | 11,4 | 22,7 | 55,8 |
| Reino Unido | 1,5 | 21,1 | 35,9 | 41,5 | 0,7 | 10,3 | 47,4 | 41,6 |

Fonte: USA, 2013, tradução nossa.

Os dados setoriais de emprego baseiam-se no Sistema de Classificação da Indústria da América do Norte (NAICS, do inglês North American Industry Classification System) para Estados Unidos, Canadá e México a partir de, respectivamente, 2000, 1976 e 2005. Os dados do Japão, por sua vez, provêm do Sistema de Classificação Industrial Padrão Japonês (JSIC, do inglês Japan Standard Industrial Classification). Para todos os outros países cobertos, tais informações apoiam-se na Classificação Industrial Padrão Internacional (ISIC, do inglês International Standard Industrial Classification of All Economic Activities). Os efeitos da mudança no sistema de classificação são discutidos nas notas de cada país (USA, 2013).

Examinando-se os dados, percebe-se que a Holanda contava em 2012 com o maior número de pessoas atuando no setor de serviços (49,7%), seguida pelo Canadá (49,1%) e pela Austrália (48,7%). Já o país com o menor número de pessoas atuando no setor terciário foi a Turquia (22,7%), seguida pela África do Sul (29,6%) e pela Itália (30,5%). No entanto, o que realmente se deve levar em conta é que todas as nações averiguadas tiveram aumento de mão de obra no setor de serviços, com destaque para a Coreia do Sul, cujo número de operários dobrou (de 20,9% para 41,5%).

Nesse sentido, é importante tratar da inovação nesse âmbito, visto que a competitividade efetiva-se globalmente, cenário que não pode ser revertido. Logo, ou se continua nessa via de mão única, ou se fica pelo caminho.

Com relação à **inovação** em serviços,

As atividades de inovação em serviços também tendem a ser um processo contínuo, consistindo em uma série de mudanças incrementais em produtos e processos. Isso pode eventualmente complicar a identificação das inovações em serviços em termos de eventos isolados, isto é, como a implementação de uma mudança significativa em produtos, processos e outros métodos. Um elemento fundamental acerca dos serviços é o fato de que a distinção entre produtos e processos é com frequência obscura, com produção e consumo ocorrendo simultaneamente. O desenvolvimento de processos pode ser mais informal para serviços do que para bens, com uma fase inicial consistindo de pesquisa, união de ideias e de avaliação comercial, seguida pela implementação. (OCDE; Finep, 2006, p. 47)

Com relação à inovação em processos, "uma inovação de processo é a implementação de um método de produção ou distribuição novo ou significativamente melhorado. Incluem-se mudanças significativas em técnicas, equipamentos e/ou *softwares*" (OCDE; Finep, 2006, p. 58).

## Síntese

Neste capítulo, explicamos que:

- A economia busca equilibrar a relação entre os recursos escassos e as necessidades ilimitadas das pessoas.
- Como os recursos produtivos são parcos, os agentes econômicos precisam utilizá-los de forma racional, a fim de obter os melhores resultados em termos de quantidade e qualidade.
- Há dois grupos da teoria econômica, a macroeconomia e a microeconomia, os quais se inter-relacionam.
- Os objetos de estudo da economia na qualidade de ciência são: o comportamento dos agentes econômicos; a escassez de produtos ou insumos; o processo produtivo em si.
- Os fatores de produção e suas remunerações são, respectivamente, trabalho (salários); terra e/ou instalações (aluguel); capital (juros); tecnologia (*royalties*) e capacidade empresarial (lucro).
- O sistema econômico é composto pelos agentes econômicos (empresas, pessoas etc.), cuja atuação possibilita seu funcionamento.
- O fluxo real (oferta) determina a disponibilidade de bens e serviços, ao passo que o fluxo monetário (demanda) constitui a remuneração de trabalhadores, proprietários etc.
- O setor de serviços tem aumentado tanto a contratação de mão de obra quanto a contribuição para os PIBs brasileiro e internacional.

## Questões para revisão

1. Muitas vezes, as pessoas acreditam que estudar economia é algo enfadonho, que leva muito tempo ou é para poucos. Como explicamos, essa percepção é equivocada, principalmente porque a economia perpassa todo o cotidiano das pessoas sem que elas se deem conta disso. Por exemplo, quando há aumento ou redução dos preços e das ofertas/demandas, isso diz respeito à economia. Um de seus campos, inclusive, dedica-se a compreender justamente as escolhas individuais dos consumidores. Qual subárea é essa?
   a) A microeconomia, cujo fundamento é a análise da atividade econômica.
   b) A macroeconomia, cuja base é a análise integral da atividade econômica (agregados econômicos).
   c) O PIB, que é a soma de todos os bens e serviços finais produzidos por um país, estado ou cidade geralmente em um ano.
   d) A logística, que é a soma de todos os bens e serviços finais produzidos durante determinado período.

2. Os problemas econômicos estão ligados à limitação de recursos. Logo, todos os organismos ou regimes políticos sofrem as consequências dessa escassez e veem-se obrigados a fazer opções. Considerando essa afirmação, relacione as colunas a seguir.
   i) O que produzir
   ii) Para quem produzir
   iii) Quanto produzir
   iv) Como produzir

   ( ) As empresas planejam segundo as tecnologias de que dispõem, visando obter a máxima eficiência.
   ( ) Trata-se do desejado e definido (no que concerne aos beneficiados pela distribuição, qualidade etc. do produto) pelos consumidores.

( ) Decisão fixada pela relação oferta (quem produz) e demanda (quem quer comprar), sendo também influenciada pelo nível de renda dos envolvidos.
( ) Elemento influenciado pelas necessidades dos consumidores (demanda) e por sua renda.

Agora, assinale a sequência correta de preenchimento dos parênteses, de cima para baixo:

e) I, II, IV, III.
f) II, I, IV, III.
g) III, IV,II, I.
h) IV, I, III, II.

3. Atualmente, consumidores podem selecionar produtos, como um *videogame*, indo até uma loja física ou concluindo a compra *on-line* sem precisar sair do conforto de seu lar. No cenário em questão, de qual tipo de bem o consumidor está em busca?
   a) Bem de capital, que concerne aos usados para fabricar outros bens, mas que não se extinguem durante esse processo.
   b) Bem de consumo, isto é, aquele destinado exclusivamente a satisfazer anseios e necessidades humanos.
   c) Bem intermédio, que se refere aos que se transformam ou são incorporados na fabricação de outros bens, contexto no qual se esgotam.
   d) Bens finais, ou seja, aquele já transformado, finalizado e pronto para consumo.

4. Os economistas, algumas vezes, recorrem a modelos para explicar a realidade socioeconômica. Nesse contexto, vimos que integram a economia os chamados *agentes econômicos* (empresas, governo, famílias, mundo e mercado). Com base no que expusemos no capítulo, assinale a alternativa que remete ao agente econômico *mundo*:

a) Representado por todos os indivíduos, que exercem o papel de consumidores de bens e serviços na tentativa de suprir suas necessidades, oferece ao mercado os fatores de produção (terra, capital, trabalho etc.).

b) Concerne às relações comerciais e de troca entre diferentes países, que possibilitam aos mercados internos assumir o papel de consumidor, e às famílias, consumir mercadorias mediante importação.

c) É responsável pela aplicação dos fatores de produção, objetivando, sobretudo, a maximização do lucro.

d) Tem o papel de intervir no sistema econômico para sanar suas falhas nas relações mercadológicas entre empresas e consumidores, principalmente em defesa das famílias de baixa de renda.

Number1411/Shutterstock

# 2

# Interesses do mercado

## Conteúdos do capítulo

- Estrutura e interesses do mercado.
- Leis da demanda e da oferta.
- Elasticidade de demanda.
- Elasticidade de oferta.
- Equilíbrio de mercado.

## Após o estudo deste capítulo, você será capaz de:

- descrever a estrutura e os interesses do mercado;
- detalhar o que são e como se formam as curvas de demanda e as de oferta;
- analisar as elasticidades de demanda e de oferta;
- identificar o que configura o equilíbrio de mercado.

onforme expusemos no capítulo precedente, a microeconomia, ou teoria dos preços, pesquisa o comportamento de famílias e/ou indivíduos e firmas, bem como dos mercados nos quais empreendem. Essa análise é feita considerando-se a precificação e as quantidades de itens disponíveis, aspectos que são fixados conjuntamente por ofertantes e compradores. Além disso, essa vertente investiga o gosto dos consumidores: suas preferências, suas tendências e suas restrições. Afinal, são eles que direcionam e impulsionam o mercado. E é com base nessa perspectiva que se define a chamada *curva de demanda*.

Durante a compra, os consumidores (e as empresas) fazem-se perguntas como: Quanto custará o produto/serviço? Realmente necessito dele? Ele tem algum concorrente? O produto do concorrente é de melhor qualidade?

Em complemento à curva de demanda, as firmas, ao determinarem as quantidades de produtos ofertados e ao precificá-los conforme (ou em desacordo com) os valores que os clientes podem pagar, configuram a curva de oferta.

Quando o assunto é mercado, trata-se da relação entre produto/serviço oferecido e produto/serviço buscado. Essa procura caracteriza-se pela decisão do consumidor de usar seu dinheiro para obter um item. Tal processo envolve o ordenado, a finalidade, a prioridade e os preços. Já a oferta de bens é delineada pelas classes/quantidades que, tendo em vista intervenções internas e externas, assim como o preço praticado (adequado ou não à clientela), empresas e prestadores estão dispostos a injetar no mercado. Assim, a tensão entre esses dois polos, a procura e a oferta, gera as chamadas *lei da oferta* e *lei da demanda* (Pindyck; Rubinfeld, 2013).

## 2.1 Hipótese *coeteris paribus*

A hipótese *coeteris paribus* (expressão latina que significa algo como "tudo o mais constante" ou "todos os outros elementos permanecem iguais") possibilita realizar análises econômicas sem que haja interferências diversas. Com isso, focaliza-se um fator do comportamento dos consumidores e ignoram-se os demais que podem (ou poderiam) influenciá-lo (Vasconcellos, 2004).

Para compreender melhor isso, considere o seguinte exemplo: você vem tentando fazer o arroz no almoço, porém sem sucesso, embora a quantidade de sal e de arroz usada tenha sido perfeita. Para obter um arroz soltinho e delicioso, você precisa responder a perguntas como: Qual é a quantidade adequada de arroz? Qual é a de água? Qual é a de sal? Você já sabe as porções corretas de arroz e de sal. Logo, a única variável imprecisa é a de água.

Nesse cenário, restou apenas um fator para ser observado e analisado. Portanto, tem-se aí a condição *coeteris paribus* (também escrita *ceteris paribus*).

## 2.2 Lei da demanda

Toda e qualquer pessoa na condição de consumidor deseja adquirir algum bem de primeira necessidade, como alimentos, roupas novas, um refrigerador, um automóvel; ou utilizar um serviço, como ir ao teatro ou ao cinema. A respeito dessas vontades, também é válido se questionar: Qual quantidade comprar? Por qual preço posso fazê-lo? Disponho desse valor? Aprecio esse produto ou serviço?

Esses dilemas correspondem ao que a microeconomia denomina *lei da demanda*. Segundo Vasconcellos (2004, p. 31), "Demanda (ou procura) é a quantidade de determinado bem ou serviço que os consumidores desejam adquirir, num dado período, dada sua renda, seus gastos e o preço de mercado". Para o autor, a demanda é uma variável afetada pelas demais concernentes à preferência do consumidor. Essas variáveis são: riqueza (renda disponível); preço de outros bens (bens substitutos); fatores climáticos e sazonais (seca prolongada ou enchente; produtos de verão ou de inverno); propaganda (consolidação de hábitos específicos e da preferência por certas marcas); hábitos, gostos, preferências dos consumidores (comida do brasileiro: arroz e feijão); expectativas sobre o futuro (renda, preços, disponibilidade); e facilidades de crédito (disponibilidade, taxa de juros, prazos).

É importante esclarecermos que o estudo desses casos só é coerente quando se recorre à hipótese *coeteris paribus*. Do mesmo modo, devemos atentar para o fato de que a demanda representa um desejo, um planejamento, o máximo que o consumidor pode desejar de acordo com sua renda e com os preços do mercado (Garcia; Vasconcellos, 2012).

## 2.2.1 Elementos interferentes na demanda do consumidor

Conforme Nogami e Passos (2013), as variáveis de maior impacto sobre a demanda são o preço do bem ou serviço; o preço dos outros bens; os ganhos do consumidor; e a predileção do indivíduo.

- ❖ Demanda *versus* preço do bem ou serviço: Como consumidores, os indivíduos estão dispostos a adquirir determinado bem ou serviço se o preço for pequeno. Logo, quanto menor for o preço, maior será a quantidade que o consumidor tencionará adquirir; ou, ao contrário, quanto maior for o preço, menor será a intenção.
- ❖ Demanda *versus* renda do consumidor: Espera-se que a quantidade de bens comprados aumente na mesma proporção que a renda do consumidor, ou o inverso, isto é, que diminua do mesmo modo. Aumento e redução de demanda ocorrem, via de regra, no caso de bens normais, sendo pouco prováveis nos casos dos bens inferiores e dos saciados. Para melhor compreender essas noções, considere:

- **Bens normais:** Obtidos em maior quantidade na proporção que a renda do sujeito cresce: vestuário, eletrodomésticos, entre outros.
- **Bens inferiores:** Quando a renda do sujeito se eleva, são obtidos em menor quantidade, a qual é, assim, inversamente proporcional aos ganhos: carne de segunda, pé-de-galinha, entre outros.
- **Bens saciados:** Obtidos exatamente na mesma quantidade independentemente de a renda sofrer elevação, uma vez que o desejo já está sendo devidamente saciado: sal de cozinha, arroz, farinha, entre outros.

Acerca disso, Vasconcellos (2004, p. 38) explica alguns conceitos:

Efeito substituição: o bem fica relativamente mais barato aos concorrentes, fazendo com o que a quantidade demandada aumente.

Efeito renda: com a queda de preço, o poder aquisitivo do consumidor aumenta e a quantidade demandada do bem, tende normalmente, a aumentar. Isto é, ao cair o preço de um bem, mesmo com sua renda não variando, o consumidor pode comprar mais mercadorias.

### O que é

Você sabe o que é *efeito renda*? Com o aumento da renda, o consumidor espera comprar mais (ganha poder aquisitivo); ao contrário, com a perda da renda, o consumidor compra menos (perde poder aquisitivo).

- **Demanda *versus* gosto ou preferência do consumidor:** O consumo é predeterminado por hábitos ou padrões (cultura, religiosidade, idade, orientação sexual etc.), modificando-se apenas se tais itens também se alterarem.
- **Demanda *versus* bens correlacionados:** A demanda é definida não somente pelo bem em si, mas também por outros bens, quais sejam:

- Bens complementares: São bens que, associados a outros, ampliam a satisfação do consumidor – como pão francês com marmelada, ou carro e gasolina. Cabe salientar que a queda na procura de um desses bens impacta o consumo do complementar – por exemplo, um aumento no pão francês ocasionaria a queda no consumo de marmelada.

- Bens substitutos: Também conhecidos como *bens concorrentes*, são aqueles que podem trazer o mesmo contentamento (ou um contentamento muito próximo) ao substituírem outro produto. Nesse caso, ocorre um impacto direto na demanda de um bem sobre a de outro – por exemplo, carne de frango, carne de gado etc.

> **Exemplo prático**
> Como explicamos, bem substituto é aquele que proporciona ao consumidor o mesmo contentamento (ou um contentamento muito próximo) que outro item. Imagine que você gosta de fazer um churrasco com a família aos fins de semana. Em um deles, o preço de sua carne de gado favorita sofreu um aumento considerável e não cabe em seu orçamento. Apesar disso, você não quer renunciar ao churrasco, qual é a saída então? É possível, nesse contexto, procurar um substituto para a carne de gado de acordo com sua preferência, que pode ser carne de frango, carne de porco ou carne de ovelha.

- Demanda *versus* expectativas: O consumo é condicionado por expectativas futuras relacionadas à demanda, tanto no caso de sobra quanto no de escassez de bens. Para ilustrar isso, imagine a situação em que o final do ano está próximo e logo os trabalhadores assalariados receberão o 13º salário, permitindo-lhes comprar naquele momento para pagar somente no mês seguinte. Considere, agora, outra situação hipotética: o governo aumentou a aposentadoria, possibilitando aos aposentados comprar imediatamente com base no maior rendimento do mês seguinte.

Outro exemplo é: com a quebra da safra de trigo, há menos farinha no mercado, e o preço do pão francês está mais caro, bem como o de todos os produtos que têm em sua composição farinha de trigo. Diante disso, uma prefeitura decide antecipar esses preços elevados e buscar estocar bolachas. Nas situações relatadas, portanto, a demanda é modificada por expectativas: se a projeção é de escassez futura, estoca-se determinado bem; se é de abundância, espera-se que seu preço seja reduzido para então obtê-lo.

É importante salientar a lei geral da demanda:

A quantidade demandada de um bem ou serviço, em qualquer período de tempo, varia inversamente ao seu preço, pressupondo-se que tudo o mais que possa afetar a demanda, especialmente a renda, o gosto e a preferência do consumidor, o preço dos bens relacionados e as expectativas quanto à renda, preços e disponibilidades, permaneça o mesmo. Segundo esta lei, toda vez que o preço (P) aumenta, a quantidade demandada (Qd) diminui. (Nogami; Passos, 2013, p. 81)

A figura a seguir ilustra esse conceito.

Figura 2.1 – Lei geral da demanda

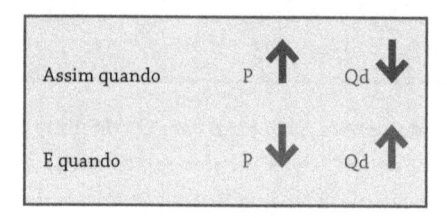

| Assim quando | P ↑ | Qd ↓ |
| E quando | P ↓ | Qd ↑ |

## 2.2.2 Curva de demanda

A curva de demanda representa a quantidade que os compradores estão propensos a comprar à medida que o preço unitário for alterado. "A curva inclina-se de cima para baixo no sentido da esquerda para direita refletindo o fato de que a quantidade procurada de determinado produto varia inversamente em relação a seu preço, *Coeteris Paribus*" (Garcia; Vasconcellos, 2019, p. 83). Matematicamente podemos chamar isso de *função demanda* ou *equação de demanda*, assim expressa:

$Qd = f(P)$

Em que:
Qd = quantidade demandada em dado período;
P = preço.

A expressão $Qd = f(P)$ significa que a quantidade demandada Qd é uma função $f$ do preço P – isto é, depende do preço P.

Conforme Garcia e Vasconcellos (2019, p. 83), "a curva de demanda é negativamente inclinada devido ao efeito conjunto de dois fatores: o efeito substituto e o efeito renda. Se o preço de um bem aumenta, a queda da quantidade demandada será provocada por esses dois efeitos somados".

Também é possível desenhá-la graficamente: no Gráfico 2.1, o eixo vertical do gráfico exibe o preço do produto ou serviço; e o eixo horizontal, a quantidade de produto ou de serviço total demandada. Observe que a curva de demanda, indicada por D, é descendente: os compradores, em geral, estão inclinados a adquirir quantidades maiores se o preço for mais baixo. Por exemplo, um preço menor pode encorajar compradores que já tenham comprado tal mercadoria a comprar novamente. O preço interfere na quantidade demandada; da mesma forma, é inversamente proporcional à quantidade do bem pretendido (Pindyck; Rubinfeld, 2013).

Gráfico 2.1 – Curva de demanda

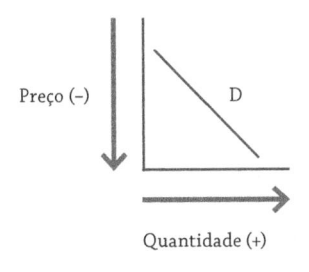

Fonte: Elaborado com base em Garcia; Vasconcellos, 2019.

O gráfico indica que, quanto menor for o preço, maior será o desejo de compra do consumidor. A curva é negativamente inclinada e sua tendência é apontar para baixo.

Vejamos uma análise da curva de demanda de um bem X (Gráfico 2.2): quando o preço do item é R$ 90,00 constata-se que sua demanda é de 160 unidades.

Gráfico 2.2 – Curva de demanda do bem X

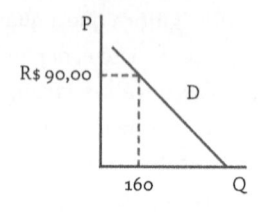

Fonte: Elaborado com base em Garcia; Vasconcellos, 2019.

Agora, quando o preço do bem X é de apenas R$ 11,00, há uma demanda de 1.210 unidades, conforme podemos verificar na Gráfico 2.3.

Gráfico 2.3 – Demanda de 1.210 unidades do bem X

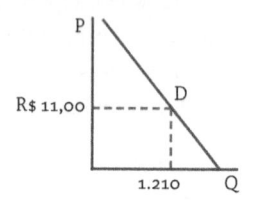

Fonte: Elaborado com base em Garcia; Vasconcellos, 2019.

Analisando as informações dos Gráficos 2.2 e 2.3, é possível verificar como funciona a dinâmica da curva de demanda. Quando o preço era de R$ 90,00, a demanda pelo produto era de 160 unidades, mas, com sua queda para R$ 11,00, a demanda pelo produto aumentou para 1.210 unidades. O Gráfico 2.4 ilustra esse mecanismo da demanda do bem X.

Gráfico 2.4 – Mecanismo da demanda do bem X

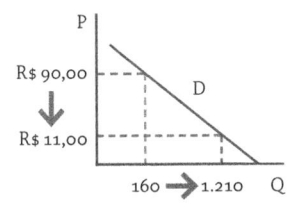

```
P
R$ 90,00  ┆╲    D
          ┆ ╲
R$ 11,00  ┆──╲
          ┆   ╲
         160 →1.210  Q
```

Fonte: Elaborado com base em Garcia; Vasconcellos, 2019.

Observando o Gráfico 2.4, percebemos que a queda de preço de R$ 90,00 para R$ 11,00 elevou a demanda de 160 para 1.210 unidades consumidas – ou seja, o bem ficou mais barato e, com isso, os clientes desse mercado sentiram-se mais estimulados a consumi-lo (Pindyck; Rubinfeld, 2013).

## 2.2.3 Paradoxo de Giffen

O paradoxo de Giffen é um caso especial referente à lei geral da demanda, em que a curva de demanda é inclinada para cima, havendo uma relação direta – e não inversa, como normalmente ocorre – entre a quantidade procurada e o preço do bem. Os produtos que se encaixam nesse perfil são os chamados *bens de Giffen*, que se diferem dos bens inferiores.
Conforme Pindyck e Rubinfeld (2013, p. 118),

O exemplo frequentemente utilizado seria o de uma comunidade inglesa, no século XVIII, muito pobre, e que consumia basicamente batatas. Ocorreu uma grande queda no preço do produto. Como a população gastava a maior parte de sua renda no consumo de batatas, essa queda de preço levou a um aumento do poder aquisitivo da população. Contudo, eles já estavam saturados de batatas, e passaram a gastar mais com outros tipos de produtos, inclusive diminuindo o consumo de batatas. Portanto, o preço da batata caiu, bem como a quantidade demandada.

## 2.3 LEI DA OFERTA

A maior dificuldade na análise da oferta é invertermos os papéis: deslocar-se do lugar de consumidor para assumir o de quem oferta produtos ou serviços, algo essencial nesse processo.

Pode-se conceituar *oferta* como as diversas quantidades de produto que as firmas pretendem oferecer ao mercado em determinado intervalo de tempo. Da mesma forma que a demanda, a oferta está subordinada a vários fatores, entre os quais podemos citar seu próprio preço; os preços dos demais produtos; os preços dos fatores de produção; as preferências do empresário; e a tecnologia (Garcia; Vasconcellos, 2014).

A curva de oferta mostra a quantidade de produtos que os fornecedores estão inclinados a vender a certo preço, permanecendo constantes os demais fatores que possam interferir na quantidade ofertada (Pindyck; Rubinfeld, 2013). Destacamos aqui dois importantes pontos na definição de oferta:

1. A oferta é uma intenção, o querer vender, e não sua realização. A materialização desse anseio ocorre com a venda do bem ou serviço.
2. A oferta, assim como a demanda, é um fluxo por unidade de tempo, ou seja, é externada como uma quantidade definida em determinado período. Por exemplo, um produtor deseja ofertar uma peça de queijo por dia, e um banco pretende oferecer uma taxa de juros de 7% ao ano para financiamento de sementes orgânicas (Nogami; Passos, 2013).

### 2.3.1 Elementos determinantes da oferta

Conforme aludimos há pouco, Nogami e Passos (2013) afirmam que, à semelhança da demanda, a oferta de um bem ou serviço depende de diversos fatores, como: o preço do bem; o preço dos fatores de produção; a tecnologia disponível; o preço de outros bens; as expectativas envolvidas; e as condições climáticas (no caso de produtos agrícolas). A seguir, especificamos essas relações.

❖ **Oferta *versus* preço do bem:** Quanto maior é o preço do bem ou serviço, maior é a quantidade ofertada no mercado; ao contrário, quanto menor é o valor, menor é a porção. Além disso, o ofertante deve levar em conta outros fatores determinantes dessa quantidade, verificando se o preço cobre o custo de produção, qual será a receita total etc. A relação quantidade-preço deve apresentar um limite mínimo em conformidade com o custo de produção, bem como um limite máximo no caso do pleno emprego dos fatores de produção, quando a quantidade disponibilizada se torna constante independentemente dos possíveis aumentos de preços.

❖ **Oferta *versus* preço dos fatores de produção:** Os preços pagos pelos fatores de produção (mão de obra, matéria-prima etc.), em conjunto com a tecnologia empregada, definem o custo de produção. Esse é, sem dúvida, um ponto determinante para a redução e para o aumento de produção, assim como para o estímulo/desestímulo à produção.

❖ **Oferta *versus* tecnologia:** O conhecimento da variedade de métodos de produção está intimamente relacionado aos custos de produção. Progressos tecnológicos favorecem um maior volume de produção com um menor custo, propiciam uma maior lucratividade e, como consequência, uma maior oferta ao mercado.

❖ **Oferta *versus* outros bens:** Os bens substitutos e/ou complementares interferem, diretamente, na quantidade de oferta de bens, uma vez que estão interligados.

❖ **Oferta *versus* expectativas:** Assim como a demanda, a oferta observa toda e qualquer expectativa de mudança nos preços, para conseguir posicionar-se diante da quantidade ofertada ao mercado.

❖ **Oferta *versus* condições climáticas:** Em especial, os produtos agrícolas sofrem interferências diretas na oferta, uma vez que não é possível controlar a natureza.

Sobre a lei geral da oferta (Figura 2.2), Nogami e Passos (2013, p. 92) esclarecem:

> A oferta de um produto ou serviço qualquer, em determinado período de tempo, varia na razão direta da variação de preços desse produto ou serviços a partir de um nível de preços tal que seja suficiente para fazer face ao custo de produção do mesmo até o limite superior de plano emprego dos fatores (de produção), quando se tornará constante, ainda que os preços em referência possam continuar oscilando, mantidas constantes as demais condições. Segundo essa lei, toda vez que o preço (P) aumenta, a quantidade ofertada (Qo) aumenta; toda a vez que o preço (P) diminui a quantidade ofertada (Qo) diminui.

A figura a seguir ilustra esse conceito.

Figura 2.2 – Lei geral da oferta

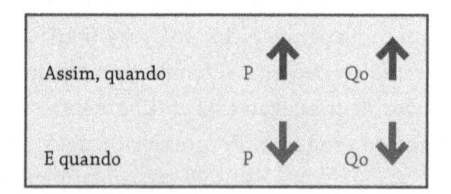

| Assim, quando | P ↑ | Qo ↑ |
| E quando | P ↓ | Qo ↓ |

## 2.3.2 Curva de oferta

A curva de oferta demonstra a quantidade de mercadoria que os produtores estão dispostos a vender a determinado preço, mantendo-se constantes quaisquer outros elementos que possam afetar a quantidade ofertada. O eixo vertical do gráfico mostra o preço da mercadoria, ao passo que o eixo horizontal indica a quantidade total ofertada, que é mensurada em unidades por período. A curva de oferta é, portanto, uma inter-relação entre a quantidade ofertada e o preço (Pindyck; Rubinfeld, 2013). Podemos representá-la por meio da seguinte equação matemática:

Qo= ƒ (P)

Em que:
Qo = quantidade ofertada de um bem ou serviço em determinado período de tempo;
P = preço do bem ou serviço.

 O vínculo direto entre a quantidade ofertada de um bem ocorre devido ao *coeteris paribus*. Um acréscimo de preço de mercado alarga a rentabilidade das empresas, motivando o aumento de produção. Sobre isso, Pindyck e Rubinfeld (2013, p. 22) explanam:

> O eixo vertical do gráfico mostra o preço da mercadoria, P. O eixo horizontal mostra a quantidade total ofertada, Q, medida em unidades por período. A curva de oferta é, assim, uma relação entre a quantidade ofertada e o preço. O gráfico nos apresenta: quanto maior o preço, mais o produtor sente-se estimulado em ofertar o produto, ou seja, existe uma relação direta entre o preço e a quantidade ofertada. Isso faz com que a curva de oferta seja positivamente inclinada.

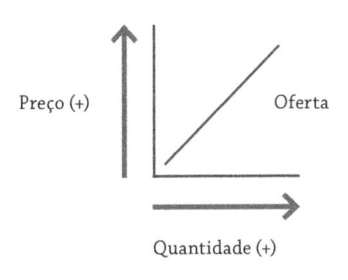

Gráfico 2.5 – Curva de oferta

Preço (+)   Oferta

Quantidade (+)

Fonte: Elaborado com base em Garcia; Vasconcellos, 2019.

 Como podemos observar, se o preço do produto ou serviço aumentar, a oferta do produto aumenta também, tornando a função crescente. Por isso, a curva é para cima. Pelo lado de quem vende, quanto maior é o preço do produto, maior é a tendência a oferecê-lo (Garcia; Vasconcellos, 2019).

## 2.4 Ponto de equilíbrio

A lei da oferta e da procura tende ao equilíbrio, representado na curva pelo ponto em que demanda e oferta se encontram. Para um melhor entendimento, veja a Tabela 2.1, que permite a construção das curvas de demanda e de oferta e a determinação do ponto de equilíbrio (Garcia; Vasconcellos, 2019).

Tabela 2.1 – Oferta e demanda de determinado bem

| Preço $ | Quantidade Demanda | Oferta | Situação de mercado |
|---|---|---|---|
| 1,00 | 11.000 | 1.000 | Excesso de procura (escassez de oferta) |
| 3,00 | 9.000 | 3.000 | Excesso de procura (escassez de oferta) |
| 6,00 | 6.000 | 6.000 | Equilíbrio entre oferta e procura |
| 8,00 | 4.000 | 8.000 | Excesso de oferta (escassez de demanda) |
| 10,00 | 2.000 | 10.000 | Excesso de oferta (escassez de demanda) |

Fonte: Elaborado com base em Garcia; Vasconcellos, 2019.

Gráfico 2.6 – Equilíbrio de mercado

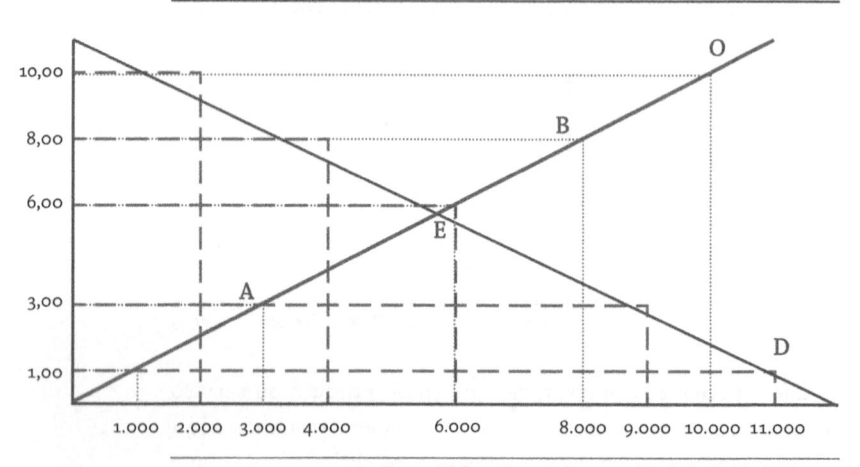

Fonte: Elaborado com base em Pindyck; Rubinfeld, 2013.

Na intersecção das curvas de oferta (O) e de demanda (D), aparece o ponto E (equilíbrio). Nele, o preço e a quantidade contemplam intenções de consumidores e de produtores simultaneamente. Por isso, é chamado de *ponto de equilíbrio*.

Se a quantidade ofertada estiver abaixo desse ponto (E), no ponto A, configura-se uma situação de escassez do produto, porque há uma competição entre os consumidores, uma vez que a quantidade ofertada é menor do que a requerida. Isso pode refletir na formação de filas para a aquisição do produto, o que, por sua vez, força um aumento de preço e gera um novo ponto de equilíbrio, com um preço mais alto e uma quantidade demandada menor, ocasionando o fim das filas.

Semelhante situação ocorre se o ponto B estiver acima do ponto de equilíbrio. Nesse caso, há um excedente de produção, provocando, desse modo, um aumento de estoque não programado e uma competição entre os produtores. Isso promove uma redução de preços até que se atinja novo ponto de equilíbrio.

Em suma, pode haver competição tanto entre consumidores quanto entre ofertantes, com tendência natural, no mercado, ao equilíbrio (Garcia; Vasconcellos, 2019).

### Exemplo prático

Um bom exemplo do caso citado é a formação de filas nas liquidações de algumas lojas de varejo, em que o consumidor compra o produto e se responsabiliza pelo frete. Registra-se, nesse cenário, um excesso de demanda devido à pouca quantidade de produtos à venda e aos preços baixos. Esgotados os itens em promoção, o preço volta a aumentar e os consumidores tendem a não se aglomerar nas lojas.

## 2.5 DESLOCAMENTOS NAS CURVAS DE OFERTA E DEMANDA

Podem ocorrer movimentos das curvas de demanda e de oferta. Qualquer ajuste em seus fatores constitutivos pode modificar seu comportamento, tendo, como resultado, a alteração no preço de equilíbrio (Pindyck; Rubinfeld, 2013).

Examinemos o mercado do produto Y (um bem normal, não inferior), que está em equilíbrio. O preço de equilíbrio inicial é P0, e a quantidade, Q0 (ponto A). Se, por hipótese, os demandantes receberem um acréscimo na renda real (aumento de poder aquisitivo), *coeteris paribus*, a demanda do produto Y, sem alteração dos preços iniciais, será maior. Isso indica um deslocamento da curva de demanda para a direita, para D1. Dessa forma, tem-se, no começo, um excesso de demanda, que causa um aumento de preços até que tal excedente finde.

Gráfico 2.7 – Deslocamento da curva de demanda para produto Y

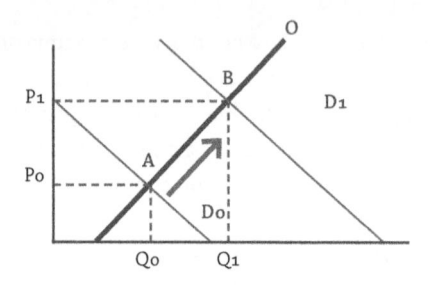

Fonte: Elaborado com base em Pindyck; Rubinfeld, 2013.

O novo preço de equilíbrio figurará na intersecção do preço P1 e da quantidade Q1, no ponto B. Também ocorrerá um deslocamento da curva de oferta, e o preço de equilíbrio será maior. Isso significa que, com o aumento do preço do bem Y, o ofertante tem interesse em ofertar uma maior quantidade dele (Garcia; Vasconcellos, 2019).

Pensemos, agora, que o preço da matéria-prima para produzir o bem Y sofreu redução. Consequentemente, a curva de oferta se moverá para a direita, e, seguindo a mesma linha de raciocínio anterior, o preço de equilíbrio será menor, e a quantidade, maior.

Gráfico 2.8 – Deslocamento da curva de oferta para produto Y

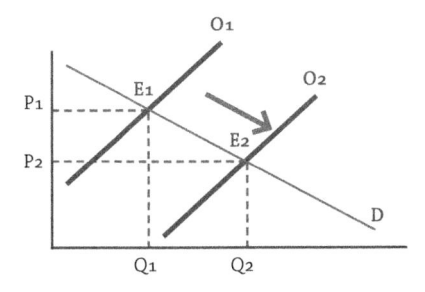

Fonte: Elaborado com base em Garcia; Vasconcellos, 2019.

Gráfico 2.9 – Alteração da quantidade ofertada e da oferta do produto Y

(a) Aumento na quantidade ofertada

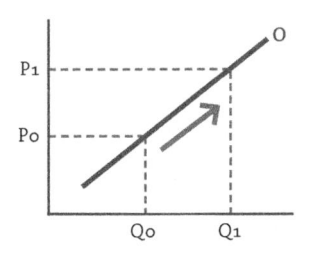

(b) Diminuição da oferta

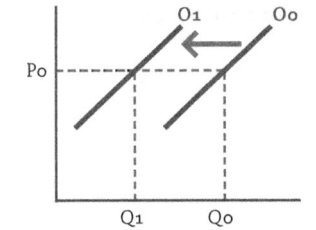

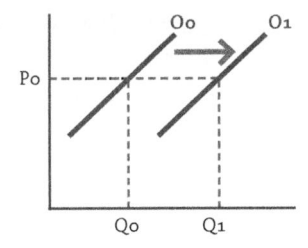

(c) Aumento da oferta

Fonte: Elaborado com base em Garcia; Vasconcellos, 2019.

A diminuição nos preços dos insumos, o desenvolvimento da tecnologia e, ainda, o aumento no número de empresas no mercado conduzem ao aumento da oferta e à manutenção dos preços praticados, deslocando, do modo apresentado há pouco, a curva de oferta para a direita (Gráfico 2.9 c) (Garcia; Vasconcellos, 2019).

## 2.6 Interferência governamental no equilíbrio de mercado

O governo interfere no mercado por meio da formação de preços, em nível microeconômico, quando determina os impostos e os subsídios, estabelecendo padrões de reajustes do salário mínimo, preços mínimos para produtos agrícolas, tabelamentos e congelamento de preços e de salários.

Os tributos dividem-se em impostos, taxas e contribuições de melhoria. Por sua vez, os impostos desdobram-se em impostos diretos e indiretos. A seguir detalhamos cada um desses conceitos:

- Impostos indiretos: São os impostos que o indivíduo paga pelo que consumiu ou comprou e, geralmente, são municipais, estaduais e federais – por exemplo, o Imposto sobre Transmissão de Bens Imóveis (ITBI). Entre os impostos indiretos, destacam-se:
    - Imposto específico: Recai sobre o consumo, como o Imposto de Circulação de Mercadoria e Serviços (ICMS), que é um imposto estadual e, por isso, até o momento, difere de um estado para outro.
    - Imposto *ad valorem*: É um percentual (alíquota 10) aplicado sobre o valor de venda. Por exemplo, a alíquota do Imposto sobre Produtos Industrializados (IPI) sobre máquinas de lavar, que pertencem à linha branca, é de 20%. Se o valor de um automóvel for de R$ 1.000, o valor do IPI será de R$ 200,00. O valor de IPI para fogões é de 5%; já para refrigeradores e *freezers*, de 15%.

- Impostos diretos: Incidem sobre a renda. Um aluguel de imóvel é considerado renda e é tributado – por exemplo, no Imposto de Renda (IR), seja de pessoa física, seja de pessoa jurídica.
- Tabelamento: Trata-se da intervenção do governo no composto de preços de mercado, visando refrear os abusos por parte de vendedores e inflação. Foi adotado no Brasil (Plano Cruzado, Plano Bresser etc.) quando se aplicou o congelamento de preços e salários.
- Política de preços mínimos na agricultura ou política de garantia de preços mínimos: Trata-se de uma ferramenta que busca reduzir a variabilidade na renda do agricultor rural e assegurar-lhe uma remuneração mínima. Dessa maneira, atua como ajuizador da oferta de alimentos, incentivando ou desestimulando a produção e garantindo a regularidade do abastecimento nacional. Por exemplo, o Estado, antes do começo do plantio, assegura o preço que pagará após a colheita de determinado produto.

### O que é

PGPM nada mais é do que a Política de Garantia de Preços Mínimos do governo federal, que tem a missão de estabelecer preços mínimos para o agricultor rural. Em 2020, por exemplo, ela interveio sobre o preço do litro do leite, que teve o valor fixado em R$ 1,08 entre julho e dezembro do mesmo ano.

## 2.7 ELASTICIDADE

A elasticidade afere o grau e o comportamento de uma variável no caso de mudanças em outra constante (*coeteris paribus*). A elasticidade mede o quanto uma variável pode ser afetada por outra. Especificamente, pode-se dizer que é o resultado da variação percentual que ocorre em uma variável como reação a um aumento de um ponto percentual em outra. Essa informação é de extrema pertinência para as firmas, tanto as públicas quanto as privadas, uma vez que permite estimar a reação do consumidor ante as alterações nos preços da empresa, nos dos concorrentes e nos salários (Pindyck; Rubinfeld, 2013; Garcia; Vasconcellos, 2019).

Por exemplo, com relação a alguns bens, os consumidores reagem bastante (alta sensibilidade) quando o preço varia. Já para outros, a demanda fica quase inalterada (baixa sensibilidade). No primeiro caso, diz-se que a demanda é elástica (observa-se a sensibilidade do consumidor em qualquer mudança de preço); no segundo, diz-se que é inelástica (o consumidor não troca sua preferência ou seus hábitos se o preço aumentar ou diminuir). Do mesmo modo, os produtores também têm suas reações, e a oferta pode ser elástica ou inelástica (Nogami; Passos, 2013).

## 2.8 ELASTICIDADE-PREÇO DA DEMANDA ($\epsilon pd$)

A elasticidade-preço da demanda concerne à variação percentual na quantidade demandada, conforme a variação percentual no preço do bem. Na realidade, verifica-se a reação das pessoas a uma flutuação de preços, que depende muito do tipo de produto ou serviço procurado. Em alguns casos, pode ser bastante grande, acentuada. Em outras ocasiões, é irrelevante. Em poucos cenários, pode não haver reação alguma. Note que é fundamental para um produtor/vendedor conhecer o comportamento do consumidor quando almejar trocar o preço de seu produto/serviço para mais ou para menos (Garcia; Vasconcellos, 2019). Esse comportamento é calculado pela divisão de dois percentuais:

$$\epsilon pd = \frac{\Delta \text{ percentual em Qd}}{\Delta \text{ percentual em P}}$$

$$\epsilon pd = \frac{p}{q^d} = \frac{\Delta\%q^d}{\Delta\%p}$$

Esclarecemos que a letra grega delta (Δ) significa "variação em". Assim, por exemplo, ΔX simboliza "uma mudança na variável X", digamos de um ano para o seguinte. Assim, ΔQd é a variação percentual em quantidade; e Δp é a variação percentual no preço. A variação percentual de uma variável corresponde a sua variação dividida por seu valor original (Pindyck; Rubinfeld, 2013).

## 2.8.1 Classificação da demanda de acordo com a elasticidade-preço

Em conformidade com a elasticidade-preço, a demanda pode ser tomada como elástica, inelástica e de elasticidade-preço unitária.

❖ Demanda elástica: | €pd | > 1
   Exemplo: | €pd | = 1,5 ou €pd = –1,5
   Isso quer dizer que, de acordo com uma variação percentual de 10% no preço, a quantidade demandada varia, em sentido inverso, em 15%. Tal situação demonstra que a quantidade é bastante sensível à mudança de preço; logo, o consumidor reagirá à variação do preço do produto.

❖ Demanda inelástica: | €pd | < 1
   Exemplo: | €pd | = 0,4 ou €pd =–0,4
   Isso significa que os compradores valorizam pouco a mudança de preço: uma mudança de, por exemplo, 10% no preço ocasiona uma alteração na demanda desse bem de apenas 4% (em sentido inverso).

❖ Demanda de elasticidade unitária: | €pd | = 1 ou €pd = –1
   Nesse caso, se o preço aumenta 10%, a quantidade baixa também 10%. Portanto, diz-se que a demanda por esse bem é de elasticidade neutra, ou seja, a alteração do preço não afeta a quantidade demandada pelo consumidor (Garcia; Vasconcellos, 2011).

## 2.8.2 Fatores intervenientes da elasticidade-preço da demanda

Quatro são as causas que explicam o percentual da elasticidade--preço da demanda: (1) os bens substitutos ao dispor; (2) a imprescindibilidade do bem; (3) a relevância do bem no orçamento; e (4) o horizonte de tempo (Garcia; Vasconcellos, 2011).

### Disponibilidade de bens substitutos

Quanto maior for a quantidade de bens substitutos disponível no mercado, mais elástica será a demanda, pois, ocorrendo um acréscimo de preços no produto ou serviço, o consumidor terá mais opções. Trata-se, portanto, de um produto cujos consumidores são bastante sensíveis à variação de preços.

A elasticidade é dependente da quantidade de bens substitutos. Diante disso, quanto mais diferenciado for o mercado, maior será a elasticidade. Por exemplo, a elasticidade-preço da demanda de manteiga, provavelmente, será maior do que a de um automóvel Ferrari modelo 125S, visto que há mais substitutos para a manteiga do que para um Ferrari em geral (Garcia; Vasconcellos, 2011).

### Essencialidade do bem

Quanto mais crucial for o produto ou serviço, mais inelástica será sua procura. Esse tipo de bem não oferece muitas opções para o consumidor no caso de acréscimo nos preços. Exemplos clássicos são o sal e o açúcar (Garcia; Vasconcellos, 2011).

### Importância relativa do bem no orçamento do consumidor

A importância relativa do bem no orçamento do consumidor deve-se ao peso que sua obtenção exerce sobre o orçamento. Assim, quanto maior for a despesa no orçamento, maior será a elasticidade--preço da demanda. O consumidor é muito impactado por mudanças nos preços se o desembolso com determinado produto for grande em comparação com as demais alternativas para consumo. Por exemplo, a Єpd, para o consumidor de carnes em geral, será alta, ao passo que a Єpd, para o consumidor de velas muito devoto, será baixa (Garcia; Vasconcellos, 2011).

**Horizonte de tempo**

Dependendo do intervalo de tempo de análise, um hiato maior permite que os consumidores de certo produto ou serviço encontrem mais formas de substituí-lo quando seu preço aumentar – ou seja, a elasticidade-preço da demanda tem a predisposição de crescer ao longo do tempo (as elasticidades calculadas a longo prazo são maiores do que as de curto prazo). Exemplificando, no caso de um produto que tenha uma maior durabilidade, como um refrigerador, o consumidor, antes de comprá-lo, gastará mais tempo com pesquisas e com a conferência de ofertas e de preços no mercado (Garcia; Vasconcellos, 2011).

## 2.8.3 Curvas de elasticidade-preço da demanda

Podemos reconhecer o comportamento da curva de procura e sua elasticidade dos seguintes modos.

**Curvas de elasticidade: elástica e inelástica**

Observe os gráficos a seguir.

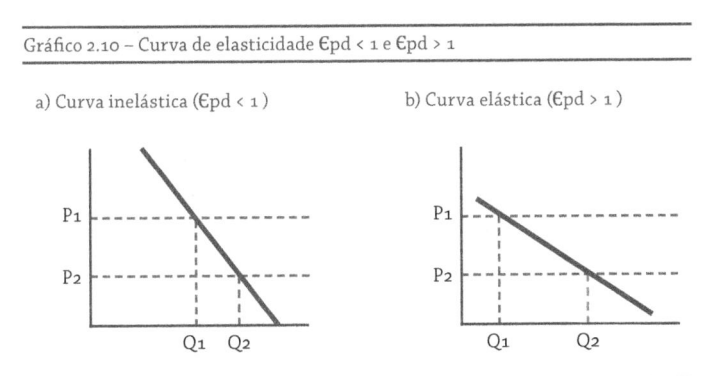

Gráfico 2.10 – Curva de elasticidade Єpd < 1 e Єpd > 1

a) Curva inelástica (Єpd < 1)

b) Curva elástica (Єpd > 1)

Fonte: Elaborado com base em Pindyck; Rubinfeld, 2013.

No Gráfico 2.10, podemos examinar a curva de demanda e sua inclinação: quanto menor for a elasticidade, mais vertical será a curva da demanda; ao contrário, quanto maior for a elasticidade, mais horizontal será a curva da demanda.

## Demanda perfeitamente inelástica ($\epsilon pd = 0$)

Conforme a variação do preço, a quantidade demandada permanece constante. Os bens cruciais tendem a se enquadrar nesse caso, visto que, mesmo com acréscimo do preço, o consumidor utiliza, aproximadamente, a mesma quantidade do produto. Afinal, não existe produto substituto.

Examine o Gráfico 2.11.

Gráfico 2.11 – Curva de demanda perfeitamente inelástica ($\epsilon pd = 0$)

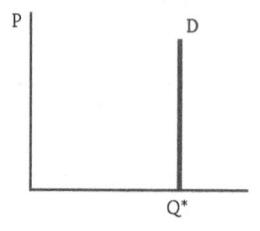

Fonte: Elaborado com base em Vasconcellos, 2004.

Para uma curva de demanda vertical, $\Delta Q/\Delta P$ será zero, uma vez que a quantidade demandada é a mesma, não importando o preço. Dessa forma, a elasticidade-preço da demanda é zero (Pindyck; Rubinfeld, 2013).

## Demanda perfeitamente elástica ($\epsilon pd = \infty$)

Essa curva reflete uma demanda infinitamente elástica ou perfeitamente elástica. Demonstra que, em razão de reajustes em preços, a quantidade demandada é indeterminada, tendo, como possibilidade de variação, o infinito no caso de algum aumento de preço acima desse nível, mesmo que seja insignificante. A quantidade demandada cai a zero; do mesmo modo, para qualquer diminuição no preço, a quantidade demandada cresce de maneira ilimitada.

Gráfico 2.12 – Curva de demanda perfeitamente elástica ($\epsilon pd = \infty$)

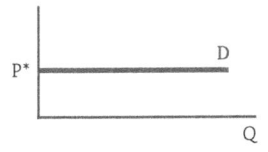

P* |——————— D

Q

Fonte: Elaborado com base em Vasconcellos, 2004.

Para uma curva de demanda horizontal, $\Delta Q/\Delta P$ é infinito ($\infty$). Com uma pequena alteração no preço, ocorre uma grande variação na quantidade demandada, pois a elasticidade preço da demanda é infinita.

### O que é

A **demanda infinitamente elástica** apoia-se no comportamento do consumidor, que compra a quantidade que conseguir a determinado preço. No entanto, para qualquer preço maior, a quantidade demandada cai a zero; da mesma maneira, para qualquer preço inferior, a quantidade demandada aumenta sem limitação.

## 2.9 Elasticidades de oferta ($\epsilon po$)

As elasticidades de oferta, assim como as de demanda, contam com a variação percentual da quantidade ofertada em consequência do aumento de um ponto percentual no preço. O aumento no preço do produto ou serviço eleva a quantidade ofertada, ao passo que uma redução no preço acarreta sua diminuição. Essa elasticidade, normalmente, é positiva, pois um preço mais alto estimula os fornecedores a criar produção adicional. Então, se o preço for maior, maior será a quantidade que o produtor optará por colocar no mercado.

Agora, abordamos a sensibilidade do ofertante em relação ao preço (Garcia; Vasconcellos, 2019). Essa relação também é calculada pela razão entre dois percentuais: a variação percentual na quantidade ofertada e a alteração percentual no preço.

$$\epsilon po = \frac{\Delta \text{ percentual em } Qo}{\Delta \text{ percentual em } P}$$

$$\epsilon po = \frac{p}{q^o} = \frac{\Delta\%q^o}{\Delta\%p}$$

Verificam-se as seguintes situações em relação à elasticidade-preço da oferta:

- ❖ $\epsilon po > 1$: Para os bens de oferta elástica, o crescimento relativo das quantidades ofertadas é mais do que proporcional ao aumento relativo dos preços, com elasticidade maior do que 1.
- ❖ $\epsilon po < 1$: Para os bens de oferta inelástica, o crescimento relativo das quantidades ofertadas é menor do que o proporcional ao aumento relativo dos preços. Logo, é menor do que 1.
- ❖ $\epsilon po = 1$: No caso da elasticidade-preço da oferta unitária, o crescimento relativo das quantidades ofertadas é proporcional ao aumento relativo dos preços. Logo, é igual a 1.

## 2.9.1 Fatores de deslocamento da oferta

Na sequência, listamos os fatores de deslocamento da oferta.

- ❖ **Custo de produção:** Quanto mais alto for o custo de produção, menor será a oferta do produto.
- ❖ **Nível tecnológico:** Quanto maior for o nível tecnológico, maior será a oferta do produto ou serviço.
- ❖ **Condições climáticas:** Quanto mais propícias forem as condições climáticas, maior será a oferta do produto ou serviço.

- Preços: Os preços de produtos ou serviços concorrentes impactarão na oferta.
- Expectativas futuras: Quanto melhores forem as projeções futuras, maior será a expectativa quanto à subida dos preços, e maior será a oferta do produto ou serviço.

Ressaltemos, aqui, o determinante tempo, uma vez que tem grande destaque, pois a elasticidade de curto prazo é, em geral, diferente da de longo prazo. Dessa forma, no decorrer do tempo, quando as empresas têm chance de reagir mais fortemente às variações de preço, a curva de oferta tende a ficar cada vez mais elástica (Garcia; Vasconcellos, 2019).

## 2.9.2 Curvas de elasticidade-preço da oferta

As curvas de elasticidade-preço da oferta são bem menos estudadas do que as de elasticidade-preço de demanda, tendo em vista que servem, prioritariamente, para a análise das relações de atividades de produtos agrícolas. Se analisarmos especificamente o Brasil, em que boa parte da agricultura é latifundiária, com poucos produtores capazes de interferir, de maneira mais enfática, nas políticas públicas, essa curva será marcada como uma curva de elasticidade-preço da oferta inelástica pela pouca suscetibilidade à variação dos preços.

## 2.9.3 Tipos de elasticidade-preço da oferta

Existem os seguintes tipos de elasticidade-preço da oferta:
- elástica;
- inelástica;
- unitária;
- perfeitamente inelástica;
- perfeitamente elástica.

Cada uma dessas categorias encontra-se representada nos gráficos a seguir.

Gráfico 2.13 – Curva de elasticidade-preço da oferta elástica ($\epsilon po > 1$)

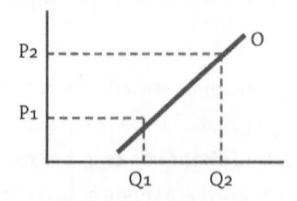

Fonte: Elaborado com base em Pindyck; Rubinfeld, 2013.

Na curva de elasticidade-preço da oferta elástica, a quantidade ofertada varia em uma proporção maior do que a do preço do bem. Por exemplo, no caso de qualquer produto com aumento de tecnologia, o produtor tem condições de ofertar mais bens ou serviços.

Gráfico 2.14 – Curva de elasticidade-preço da oferta inelástica ($\epsilon po < 1$)

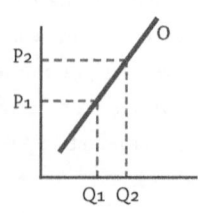

Fonte: Elaborado com base em Pindyck; Rubinfeld, 2013.

Na curva de elasticidade-preço da oferta inelástica, a quantidade ofertada varia em uma proporção menor do que a do preço do bem. Esse é o caso da oferta de tomate, uma vez que se transcorre certo tempo entre a plantação e a colheita.

Gráfico 2.15 – Curva de elasticidade-preço da oferta unitária (∈po = 1)

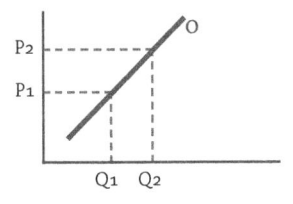

Fonte: Elaborado com base em Pindyck; Rubinfeld, 2013.

A curva de elasticidade-preço da oferta unitária tem como caraterística o fato de a quantidade ofertada variar na mesma proporção que o preço do bem.

Gráfico 2.16 – Curva de oferta perfeitamente inelástica (∈po = 0)

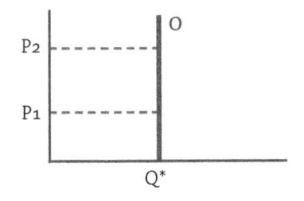

Fonte: Elaborado com base em Vasconcellos, 2004.

A curva de oferta perfeitamente inelástica distingue-se pelo fato de a quantidade ofertada não variar, mesmo que o preço do bem aumente. Isso significa que a capacidade produtiva máxima foi atingida, não sendo possível ofertar mais bens ou serviços, ainda que os preços venham a aumentar.

Gráfico 2.17 – Curva de oferta perfeitamente elástica (€po = ∞)

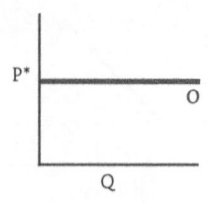

P* ┤──────────── O
   │
   │
   └────────────
         Q

Fonte: Elaborado com base em Vasconcellos, 2004.

A curva de oferta perfeitamente elástica caracteriza-se pelo fato de a quantidade ofertada ser infinita, mesmo que o preço do bem tenha aumentado. Isso significa que um produto não é diferente dos concorrentes. Por isso, não é possível aumentar o preço, pois, nessa condição, os consumidores deixarão de comprar o produto; da mesma forma, não é possível baixar o preço, pois os custos de produção tornam isso inviável.

## 2.10 Elasticidade de renda

A elasticidade de renda é utilizada para medir a reação dos consumidores às mudanças na renda, englobando a análise dos bens que são sensíveis a esses rearranjos.

$$\text{€Rd} = \frac{\Delta\% \text{ na quantidade}}{\Delta\% \text{ na renda}}$$

$$\text{€Rd} = \frac{R}{Q} \times \frac{\Delta q}{\Delta R}$$

Podem-se configurar as seguintes situações em relação à elasticidade de renda:

- ❖ €Rd > 1: Envolve um bem superior (ou bem de luxo), para o qual, ocorrendo uma variação da renda, o consumo varia mais do que proporcionalmente.

- ∈Rd > 0: Recai sobre um bem normal, cujo consumo aumenta quando a renda aumenta.
- ∈Rd < 0: Refere-se a um bem inferior, cuja demanda cai se a renda aumentar.
- ∈Rd = 0: Abrange um bem de consumo saciado, e as variações na renda não mudam o consumo do bem. Então, a variável renda não é relevante para esclarecer o comportamento da demanda desse bem.

### Perguntas & respostas

1. O consumo da carne de segunda pode ser analisado pela elasticidade-renda de demanda?

Sim, trata-se de um exemplo típico de comportamento do consumidor analisável pela elasticidade-renda de demanda, pois ele estabelece uma relação de demanda inversa ao comportamento da renda: com o aumento da renda, diminui-se a demanda da carne de segunda.

### Para saber mais

O intento de vincular o conhecimento acadêmico às vivências cotidianas deve integrar a busca pelo aprendizado. Por essa razão, recomendamos a leitura dessa notícia, publicada no jornal *Gazeta Digital*, sobre a safra de tomates, a qual permite entender melhor o comportamento dos ofertantes e dos consumidores em relação a esse item e a curva de elasticidade de oferta-preço.

LOPES, V. Com mais 9 mil kg de tomate estocados, agricultor irá perder produção. Gazeta Digital, 21 jun. 2020. Disponível em: <https://www.gazetadigital.com.br/editorias/cidades/com-mais-9-mil-kg-de-tomate-estocados-agricultor-ir-perder-produo/620109>. Acesso em: 1º abr. 2021.

## 2.11 Elasticidade cruzada de demanda

Essa elasticidade é aplicada para averiguar a reação dos consumidores expostos à flutuação do preço de um produto somada ao aumento de outro item. A informação pode ser alcançada por meio de uma fórmula: a variação percentual da quantidade demandada de um produto em particular (X) dividida pela variação percentual do preço de um bem afim (Y).

$$XY = \frac{\text{Variação percentual na quantidade demandada de X}}{\text{Mudança percentual no preço de Y}}$$

Para bens substitutos, ocorre uma relação positiva entre quantidade demandada do bem e variação de preço do produto substituto. Logo, a elasticidade cruzada de bens substitutos é positiva. Por exemplo, quando o preço de um bem, como a carne de gado, tem seu preço elevado, a demanda por carne suína tende a aumentar. Isso significa que há uma ligação diretamente proporcional entre o preço do bem substituto e a demanda do bem em estudo. Para bens complementares, há uma relação negativa entre quantidade demandada do produto e preço do produto complementar. Assim sendo, a elasticidade cruzada é negativa. Por exemplo, para os pares tênis e meia e sal grosso e costela de boi, diminuir a compra de um produto implica reduzir a quantidade do outro bem.

## Síntese

Neste capítulo, explicamos que:

- O conceito *coeteris paribus* possibilita a análise do impacto de variáveis econômicas isoladas, independentemente dos efeitos de outras variáveis.
- A demanda de definição de produto refere-se às múltiplas possibilidades de quantidades que os compradores estarão afeitos e habilitados a adquirir em razão dos preços praticados no mercado.

- O comportamento do consumidor tem como características o preço como fator restritivo ao consumo e a escolha de produtos substitutos.
- As quantidades realmente demandadas alteram-se de maneira inversamente proporcional à medida que os preços variam no mercado.
- O equilíbrio de mercado ocorre quando as curvas de demanda e de oferta encontram-se em determinando preço.
- Os custos de produção são decididos de forma direta pelos preços dos fatores de produção, dos recursos produtivos e dos avanços da tecnologia.
- O preço de equilíbrio configura-se quando as quantidades ofertadas e as demandas são iguais.
- As curvas de demanda e de oferta de qualquer bem ou serviço podem ter deslocamentos. Isso ocorre toda vez que as estruturas da demanda e/ou oferta se rearticulam.
- A elasticidade da procura pesquisa a "sensibilidade" das quantidades demandadas de um produto específico em função direta do nível de preço utilizado no mercado.
- São fatores que tornam uma demanda elástica ou inelástica: a ocorrência ou não de bens substitutos desse produto; a relevância do produto no orçamento da família; a crucialidade do produto; e a curva de consumo.

## Questões para revisão

1. A microeconomia investiga o comportamento micro, isto é, o de indivíduos e firmas, com o intuito de tornar mais eficiente o mercado no qual atuam esses agentes. Sabendo disso, assinale a alternativa que indica a hipótese que possibilita estudar a demanda como um fato individual:
   a) *Coeteris paribus*, importante para evitar interferências diversas durante a pesquisa econômica.
   b) *Coeteris paribus*, primordial para analisar todas as variáveis envolvidas na pesquisa econômica, o que propicia múltiplas perspectivas sobre os fatos.

c) *Coeteris paribus*, pertinente para examinar cada variável, a fim de identificar a momentaneamente mais adequada para o estudo econômico.

d) *Coeteris paribus*, essencial no início da teoria econômica, quando as análises eram mais parecidas e não havia tecnologia para separar interferências diversas.

2. Conforme comentamos no capítulo, alguns fatores interferem na demanda do consumidor por determinado bem ou serviço. Em caso de alteração na renda, quais são as reações inversas das quantidades demandadas em função dos ganhos? Qual é o comportamento da demanda do consumidor? Acerca disso, assinale a alternativa correta:

   a) Com o aumento de renda, o consumidor espera comprar mais (ganha poder aquisitivo); ao contrário, com a perda, espera comprar menos (perde poder aquisitivo).

   b) Com acréscimo na renda, o consumidor espera comprar menos (ganha poder aquisitivo); ao contrário, com o decréscimo, espera comprar mais (perde poder aquisitivo).

   c) Com o aumento de renda, o consumidor espera comprar a mesma quantidade de produtos e de serviços (ganha poder aquisitivo); já com a perda de renda, espera comprar menos (perde poder aquisitivo).

   d) Com o acréscimo na renda, o consumidor espera comprar mais (ganha poder aquisitivo); já com o decréscimo, espera comprar a mesma quantidade de produtos e de serviços (perde poder aquisitivo).

3. Segundo a lei da demanda, alguns fatores incidem diretamente sobre a procura dos consumidores. Com base nisso, assinale a alternativa que elenca os aspectos fundamentais que afetam as quantidades procuradas:

   a) O preço e a durabilidade do bem.

   b) O preço do bem, a renda do consumidor e a preferência do indivíduo.

c) O preço do bem, os preços dos bens substitutos e complementares, a renda e a preferência do consumidor.

d) A renda do consumidor e os custos de produção.

4. Em um cenário hipotético, o preço do pão francês subiu de R$ 2,00 para R$ 2,20. Qual seria a elasticidade-preço da demanda por pão francês, considerando-se que a quantidade demandada de pão é de 85 mil pães por ano quando o preço é R$ 2,20; e de 100 mil pães por ano quando o preço é R$ 2,00? Calcule o percentual usando a fórmula mencionada no capítulo e assinale a alternativa que apresenta o valor obtido:

a) 1,2% de €pd.
b) 1,3% de €pd.
c) 1,4% de €pd.
d) 1,5% de €pd.

Number1411/Shutterstock

# 3
## Produção, custos e receitas

## Conteúdos do capítulo

- Decisões da produção das firmas.
- Fatores de produção e de insumos.
- Teoria de custos e de receitas.
- Empresas de serviços e de processo inovativo.
- Aglomeração de empresas.

## Após o estudo deste capítulo, você será capaz de:

- definir fator de produção e insumos;
- diferenciar custos de receitas;
- detalhar o processo inovativo;
- indicar a importância da aglomeração de empresas para o setor de serviços.

A teoria da firma contém duas partes fundamentais para estudo: a **teoria de produção** e a **teoria de custos**, que, por sua vez, estão inseridas no estudo da microeconomia. Tais teorias são bastante relevantes para o entendimento da construção e da definição dos preços e da eficácia dos fatores de produção e de sua destinação entre os variados usos alternativos na economia.

Interessa à teoria da produção e à teoria de custos saber o que produzir com (1) a minimização do custo e com (2) a maximização do emprego dos fatores de produção. Assim, a teoria da firma difere-se da forma de pensar da economia clássica, a qual se fixava em saber fazer o melhor uso da terra, do capital e do trabalho.

A tecnologia é um componente de destaque na teoria da firma, não sendo apenas mais um fator de produção; trata-se, em verdade, de um elemento determinante do êxito ou do fracasso de uma empresa. É importante lembrarmos que, quando falamos em produção, não estamos nos referindo apenas a produtos (bens físicos), mas também a serviços.

## 3.1 Conceitos básicos

Para versarmos sobre a temática em foco neste capítulo, faz-se necessário o entendimento de três conceitos básicos: (1) produção, (2) tecnologia e (3) restrições de custos. Assim, posteriormente, clarificaremos as decisões das firmas, os fatores de produção e, finalmente, os custos e as receitas.

Produção é o procedimento de manipulação dos fatores de produção, adquiridos pela organização e entregues sob a forma de produtos ou de serviços, que são colocados à venda no mercado. Os serviços também são produtos disponibilizados nesse espaço, como a movimentação de cargas, os cortes de cabelo, a jardinagem, as atividades financeiras etc.

No processo de manufatura, diversas matérias-primas (ou fatores de produção, como terra, capital, trabalho e tecnologia) são combinadas de maneira a se produzir o bem ou o serviço final. A forma como se efetiva a junção desses *inputs* (insumos) forma o que chamamos de *técnica* ou *metodologia de produção*, cuja aplicação pode ser intensiva sobre a mão de obra, o capital ou o trabalho.

Se o arranjo dos fatores produz somente um produto, tem-se um **processo de produção básico**. No entanto, se há mais de um produto, configura-se um **processo de produção múltiplo**.

A escolha da metodologia ou do processo de manufatura depende de sua eficiência, que está conectada, na maioria das vezes, à técnica, à tecnologia e à perspectiva de lucro. Alcança-se eficiência técnica quando se comparam métodos, minorando o uso de insumos ou de matérias-primas; entregando, como resultado, o mesmo produto; encolhendo os custos de produção; e barateando o processo produtivo (Garcia; Vasconcellos, 2009).

Esse processo de transformação pode ser representado em um fluxo em que há as entradas (*inputs*) e as saídas (*outputs*), como exposto na Figura 3.1.

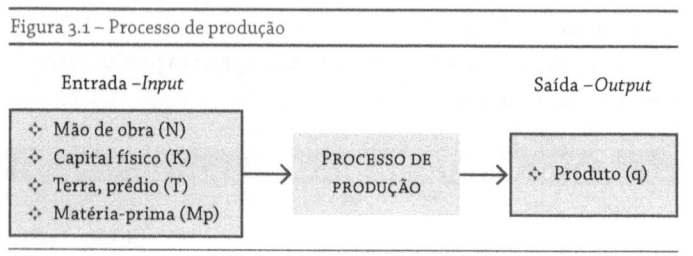

Figura 3.1 – Processo de produção

Entrada –*Input*
- Mão de obra (N)
- Capital físico (K)
- Terra, prédio (T)
- Matéria-prima (Mp)

→ PROCESSO DE PRODUÇÃO →

Saída –*Output*
- Produto (q)

Fonte: Elaborado com base em Vasconcellos, 2011.

A determinação do processo produtivo depende de sua eficiência, que pode ser analisada pelos enfoques tecnológico e econômico. Sobre essas concepções, Vasconcellos (2011, p. 110) esclarece:

❖ eficiência técnica (ou tecnológica): entre dois ou mais processos de produção, é aquele processo que permite produzir uma mesma quantidade de produto, utilizando menor quantidade física de fatores de produção;

❖ eficiência econômica: entre dois ou mais processos de produção, é aquele processo que permite produzir uma mesma quantidade de produto, com menor custo de produção.

Eficiências técnica e econômica são noções relativas, uma vez que são verificadas nos processos produtivos "A" e "B" particulares, e não indicadas como mais eficazes uma em relação à outra. Esses conceitos, igualmente, podem ser aplicados à comparação entre empresas similares e, ainda, entre setores (por exemplo, diferenças de eficácia no setor de serviços bancários entre os vários estados).

A teoria microeconômica tem como prioridade estudar a eficiência econômica. Em outras palavras, na teoria da produção, são observadas as relações concretas entre insumos e produtos, assumindo-se, tacitamente, a existência da eficiência técnica.

Ressalte-se que existe uma diferença entre os conceitos de tecnologia e de métodos de produção. **Tecnologia** é uma descrição dos métodos de produção conhecidos – ou seja, o conhecimento que se tem da metodologia de produção naquele momento. No estudo, supõe-se a tecnologia atual. **Método** ou processo de produção, por sua vez, refere-se a diferentes probabilidades de combinações entre os fatores de produção para fabricar determinada quantidade de um produto ou serviço (Vasconcellos, 2011).

## Para saber mais

Existe distinção entre maximizar a eficiência técnica e maximizar a eficiência econômica. Qual delas é melhor? Em verdade, elas não são excludentes, mas complementares. Para um melhor entendimento do assunto, indicamos a leitura do seguinte artigo escrito por Paulo Silva.

SILVA, P. R. Eficiência técnica vs eficiência econômica. Ciências agronômicas, Fortaleza, v. 7, n. 1-2, p. 157-163, dez. 1977. Disponível em: <http://www.ccarevista.ufc.br/site/down.php?arq=26rca7.pdf>. Acesso em: 5 abr. 2021.

## 3.2 Definições das empresas sobre a produção

As definições das empresas atinentes à produção são similares às dos consumidores perante a compra de produtos e de serviços; ocorrendo em três etapas:

1. **Tecnologia de produção:** Modo de descrever os insumos (trabalho, capital e matérias-primas) que podem vir a ser remodelados em produtos (como *videogames* e televisores). Da mesma forma que o consumidor pode atingir determinado nível de satisfação adquirindo diferentes tipos de produtos, uma empresa pode produzir certa quantidade de produtos com diferentes combinações de matéria-prima.
2. **Restrições de custo:** As firmas precisam considerar quanto custa o trabalho, o capital e demais insumos. Da mesma forma que o comprador conta com um orçamento limitado, a firma precisa restringir os custos de produção.
3. **Escolha de insumos:** De acordo com a tecnologia de produção e com o preço do trabalho e de outros insumos, a empresa deve escolher quanto de cada insumo utilizará em seu processo produtivo. Assim como o consumidor analisa o preço dos diferentes produtos para decidir a quantidade que comprará, a empresa tem de considerar o preço dos diversos insumos ao determinar quanto de cada um empregará na fabricação de determinado produto (Pindyck; Rubinfeld, 2013).

## 3.3 FUNÇÃO DA PRODUÇÃO

As firmas podem transformar os insumos em bens e em serviços de muitas formas, combinando capital, mão de obra e matérias--primas. A relação entre os insumos do processo produtivo e o produto decorrente pode ser descrita como uma função de produção. O produto ótimo é demonstrado por meio da função de produção (volume de produção), que é produzida por uma firma de acordo com o arranjo específico de insumos.

A função ($f$) de produção é assim descrita:

$$q = f(K, L)$$

Em que:
q = Volume de produção;
L = Trabalho ou labor;
K = Capital.

Essa equação mostra a dependência da quantidade de produto em relação a dois insumos, K e L. Por exemplo, a função da produção apresenta o número de *notebooks* que seriam fabricados a cada ano por uma firma que tem uma fábrica com 500 m$^2$, certa linha de montagem e um número X de operários. Os insumos podem ser mesclados em proporções variadas para que o produto seja gerado, uma vez que a função de produção permite que isso seja feito, usando mais trabalho e menos capital, e vice-versa. Lembremos que, na equação da função da produção, a tecnologia utilizada é a compatível com o conhecimento vigente a respeito das muitas metodologias que transformam insumos em produtos. À medida que a tecnologia avança, a função sofre alterações, e é possível que a empresa obtenha um volume de produção superior, respeitando a mesma combinação de insumos.

## O que é

As funções de produção retratam o que é tecnicamente possível quando a empresa produz de forma eficiente – em outras palavras, quando utiliza, de maneira eficaz, as combinações de insumos disponíveis. A hipótese de que a produção sempre seja eficaz tecnicamente não é legítima em todos os casos, porém é racional esperar que as empresas procurem lucros e não desperdicem recursos (Pindyck; Rubinfeld, 2013).

## 3.4 Curto prazo versus longo prazo

Combinar os insumos à produção, equilibrando quantidades distintas de trabalho e de capital, é um processo moroso. Quando a quantidade de um ou mais fatores não pode sofrer alterações, caracteriza-se o curto prazo de produção.

### *Exemplo prático*

No curto prazo, a obrigatoriedade é de que pelo menos um fator não sofra alterações; esse fator é denominado *insumo fixo*. O longo prazo equivale ao período que torna variável o total dos insumos. O curto e o longo prazo não têm um período específico, como o tempo de um ano, que venha a separá-los. Em lugar disso, é necessário que se faça a diferenciação caso a caso a depender do contexto (Pindyck; Rubinfeld, 2013).

## 3.5 Produção com um insumo variável (trabalho)

No momento de definição da aquisição de dado insumo, a empresa obrigatoriamente tem de comparar custos e possíveis benefícios, visto que o insumo trabalho é variável. Nesse momento, o questionamento do custo-benefício sob um novo ângulo faz-se necessário, a fim de desvendar a incógnita de qual seria o produto adicional se houvesse um aumento desse insumo. Em outros momentos, fazer comparações pode ser mais satisfatório, tendo como consequência o resultado de um acréscimo abundante do insumo. Para a tomada de decisão mais acertada, é primordial compreender de que modo a quantidade de produção (q) cresce (se isso for verdadeiro) na mesma medida em que aumenta o insumo trabalho (L) (Pindyck; Rubinfeld, 2013).

## 3.6 PRODUTO MÉDIO E PRODUTO MARGINAL

Obtém-se o produto médio pela razão do produto total (q) e a quantidade total da matéria-prima trabalho (L). O **produto médio do trabalho (PMeL)** mensura a eficácia do número de trabalhadores na produção da empresa – ou seja, a quantidade de produtos que cada unidade de trabalhador produz em média. O **produto marginal do trabalho (PMgL)** apresenta o volume de produção agregada gerada ao se adicionar uma unidade de matéria-prima trabalho – ou seja, indica se essa unidade adicionada acrescenta algum volume à produção (Pindyck; Rubinfeld, 2013). Tais conceitos são expressos pelas seguintes equações:

$PMeL = q/L$

Em que:
PMeL = Produto médio do trabalho;
q = Produto total;
L = Insumo do trabalho.

$PMgL = \Delta q/\Delta L$

Em que:
PMgL = Produto marginal do trabalho;
$\Delta q$ = Variação do produto total;
$\Delta L$ = Variação do insumo trabalho.

## 3.7 LEI DOS RENDIMENTOS MARGINAIS DECRESCENTES

O produto marginal decrescente do trabalho (ou de outras matérias-primas) acontece em grande parte dos processos de produção. A lei dos rendimentos marginais decrescentes diz que, à medida que se aumenta o uso de matéria-prima em partes iguais (mantendo-se as demais), chega-se a um momento em que a produção começa a diminuir. Quando a quantidade empregada de matéria-prima trabalho é baixa (e o capital é fixo), pequenos acréscimos de matéria-prima trabalho geram consideráveis aumentos na quantidade produzida, à proporção que os trabalhadores são admitidos para realizar tarefas especializadas.

Essa lei normalmente está presente no curto prazo quando ao menos uma das matérias-primas se mantém inalterada. Entretanto, também se aplica ao longo prazo. Mas não é possível esquecer que todas as unidades do insumo trabalho têm igual qualidade; por conseguinte, os rendimentos decrescentes resultam de restrições no uso das demais matérias-primas mantidas fixas (por exemplo, máquinas), e não da queda de qualidade da mão de obra. No decorrer do período, contudo, as criações e os outros desenvolvimentos tecnológicos podem vir a outorgar que qualquer curva de produto total seja movida para cima, de tal forma que uma maior quantidade possa ser produzida com idênticos insumos (Pindyck; Rubinfeld, 2013).

### 3.7.1 Malthus e a crise de alimentos

A lei dos rendimentos decrescentes foi fundamental para o pensamento do economista Thomas Malthus (1766-1834). Malthus acreditava que a quantidade de terras existentes no planeta não seria o bastante para suprir o volume necessário de alimento à proporção que a população mundial aumentasse. Afinal, a porção de terra para o plantio não teria como crescer. Para ele, o aumento da produção seguiria um cálculo matemático de progressão aritmética, ao passo que o crescimento populacional seguiria uma progressão geométrica.

Segundo suas análises, quando ocorresse a queda tanto da produtividade marginal quanto da produtividade média da mão de obra e houvesse mais pessoas para serem alimentadas, a consequência seria a fome em grande escala, o que não ocorreu. Nos últimos cem anos, avanços tecnológicos modificaram, significativamente, a produção de alimentos na maioria dos países, de tal forma que o produto médio do trabalho e a produção total de alimentos têm manifestado aumentos. Esses avanços abarcam novos tipos de sementes de alto rendimento e de grande resistência às pragas, melhores fertilizantes e colheitadeiras superiores (Pindyck; Rubinfeld, 2013).

A tabela a seguir exibe a produção média de cereais de 1948-1952 até 2009, bem como o índice de preço mundial para alimentos. Note que a produção de cereais cresceu ininterruptamente nesse período.

Tabela 3.1 – Índice da produção mundial de alimentos *per capita*

| Ano | Índice | Ano | Índice |
| --- | --- | --- | --- |
| 1948-1952 | 100 | 1985 | 134 |
| 1961 | 115 | 1990 | 135 |
| 1965 | 119 | 1995 | 135 |
| 1970 | 12 | 2000 | 144 |
| 1975 | 125 | 2005 | 151 |
| 1980 | 127 | 2009 | 155 |

Fonte: Pindyck; Rubinfeld, 2013, p. 203.

## Para saber mais

Thomas Malthus, já no século XIX, preocupava-se com a crise de alimentos, pois, na época, não se vislumbrava a possibilidade de melhorar a produção com a mesma quantidade de terras agricultáveis. Por isso, concluiu que seria necessário realizar um controle populacional. Caso não se tomasse esse cuidado, em pouco tempo, milhares de pessoas passariam fome – em uma clara associação entre população e disponibilidade de alimentos. Pelo lado da demanda, o crescimento populacional e urbano transcorreria geometricamente, ao passo que, pelo lado da oferta, a quantidade de alimentos cresceria aritmeticamente. Para compreender melhor o pensamento do autor, sugerimos a seguinte leitura:

NEVES, E. M. A pressão da demanda por alimentos: Malthus tinha razão? **Visão Agrícola**, n. 8, p. 130-133, jan./jun. 2008. Disponível em: <https://www.esalq.usp.br/visaoagricola/sites/default/files/VA08-mercado07.pdf>. Acesso em: 5 abr. 2021.

### 3.7.2 Rendimentos crescentes de escala

Observe o gráfico a seguir.

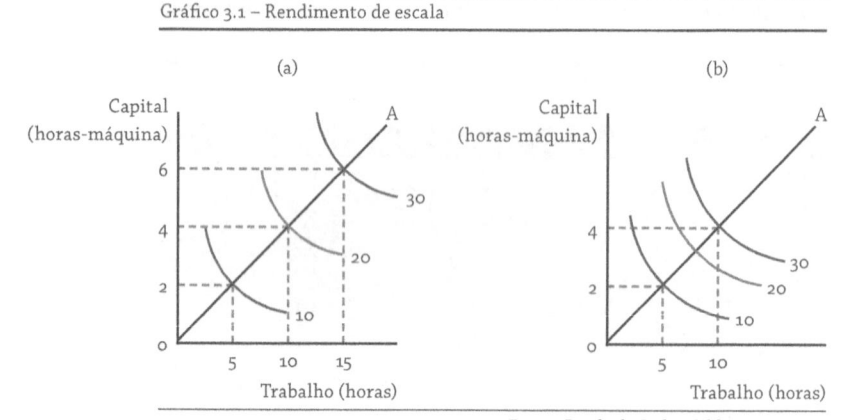

Gráfico 3.1 – Rendimento de escala

Fonte: Pindyck; Rubinfeld, 2013, p. 214.

Como pode ser observado na curva (b), as linhas estão mais próximas, demonstrando rendimentos crescentes (Pindyck; Rubinfeld, 2013).

Se a produção duplica quando os insumos são igualmente duplicados, então há rendimentos crescentes de escala. Esse fato pode acontecer porque o trabalho em maior escala permite que gestores e trabalhadores aprimorem-se em suas funções e façam amplo uso de instalações e de equipamentos com maior tecnologia. Nesse sentido, obtêm-se rendimentos crescentes de escala quando o custo total de longo prazo aumenta em uma taxa inferior à do crescimento do volume de produção – ou melhor, quando o custo médio de longo prazo é decrescente.

Duas causas geradoras de rendimentos crescentes de escala são: (1) maior especialização do trabalho; (2) existência de fatores de produção que não podem ser separados ou divididos (como a necessidade de um computador na sala de atendimento ao cliente, o que demanda comprar mais um computador para haver aumento de produção – ou seja, aumento no número de atendimentos no setor de atendimento ao cliente) (Pindyck; Rubinfeld, 2013).

### 3.7.3 Rendimentos constantes de escala

Os rendimentos constantes de escala ocorrem quando a variação do produto total é proporcional à variação da quantidade utilizada dos fatores de produção. Portanto, aumentando-se a utilização dos fatores em 12%, a quantidade de produto também cresce 12% (Pindyck; Rubinfeld, 2013).

### 3.7.4 Rendimentos decrescentes de escala

Os rendimentos decrescentes de escala ocorrem quando a variação do produto é menor do que a variação na utilização dos fatores. Portanto, se a utilização dos fatores aumentar 20%, o produto crescerá apenas 10%, por exemplo. Nesse caso, há uma queda na produtividade dos fatores (Pindyck; Rubinfeld, 2013).

### 3.7.5 Descrição dos rendimentos de escala

O rendimento em escala independe da uniformidade em todos os níveis de produção. A empresa pode ter rendimentos crescentes de escala mesmo com baixos níveis de produção. Contudo, nesse caso, terá rendimentos constantes e decrescentes em níveis mais altos.

Os rendimentos de escala diferem, de forma considerável, entre as firmas e entre os setores. *Coeteris paribus*, quanto maiores forem os rendimentos de escala, maiores tendem a ser as firmas desse setor. Normalmente, as indústrias que entregam produtos finalizados ou em estágio intermediário têm maior chance de apresentar rendimentos crescentes de escala do que as firmas do setor de serviços, pois a atividade de transformação exige volumosas aplicações em bens de produção. As empresas do setor de serviços, por sua vez, são mais fortes na aplicação de trabalho e podem ser igualmente eficientes ao atuarem em pequena e grande escalas (Pindyck; Rubinfeld, 2013).

## 3.7.6 Economia de escala no setor de serviços

Muitas indústrias de serviços apresentaram novas economias de escala possibilitadas por tecnologias introduzidas recentemente. O efeito de primeira ordem, na maioria dos casos, foi uma nova estrutura competitiva, caracterizada tanto pelo aumento da concentração quanto pelo aumento da fragmentação (nicho ou segmentação). Para obter todas as economias de escala disponíveis, grandes empresas de serviços uniram-se e converteram-se em empresas gigantes. Esse fenômeno fez emergir algumas oportunidades interessantes de política comercial internacional (Guile; Brooks, 1987).

De acordo com Guile e Brooks (1987), como muitos serviços são baratos para transporte internacional, as nações e as empresas inicialmente detentoras de economias de escala desfrutam de algumas vantagens comerciais externas e de algumas barreiras de entrada em seus mercados domésticos. Os países cujas políticas econômicas permitem tal escala conseguem se beneficiar disso.

Nos Estados Unidos, consórcios foram criados para fornecer novos serviços que nenhuma entidade existente poderia administrar sozinha. Muitas empresas de tamanho intermediário, incapazes de pagar pelas novas tecnologias, foram vendidas para suas irmãs maiores. As medidas de concentração em serviços bancários, de transporte, financeiros e (menos) no varejo tiveram aumentos de

1975 a 1985. Após uma concentração inicial em hospitais e em unidades de entrega maiores, os grupos relacionados a diagnósticos e outras considerações econômicas começaram a estimular a descentralização em certos aspectos dos cuidados de saúde. Em todas essas indústrias, no entanto, muitas empresas menores também identificaram nichos locais ou serviços especializados e neles se concentraram com sucesso.

Em meados da década de 1960 e no início da década de 1970, a automação do processo de negociação de títulos mudou toda a estrutura dessa indústria. No antigo sistema de mercado, as ações negociadas tinham de ser entregues, fisicamente, do agente do vendedor ao comprador. Como os volumes diários atingiram de 10 a 12 milhões de ações, apenas os grandes bancos poderiam contratar e administrar pessoas suficientes para acompanhar e liquidar suas negociações de títulos a cada dia. As empresas menores começaram a falhar, porque não podiam controlar e processar seus títulos.

Finalmente, as empresas de Wall Street uniram-se para formar os Serviços de Certificados Centrais (posteriormente, Deposit Trust Company), para reunir, virtualmente, todos os certificados de títulos sob uma mesma organização. Então, em vez de mover ações, um único conjunto de lançamentos contábeis poderia controlar a propriedade. Depois de cinco a seis anos, o sistema tornou-se totalmente eletrônico, e itens menores quebrados podiam ser vinculados ao depósito (Guile; Brooks, 1987).

## 3.8 CUSTO DE PRODUÇÃO

Os custos incluem os desembolsos em salários que a firma remunera aos funcionários; a locação paga pela área ocupada pelos escritórios; o aluguel ou a compra de máquinas e de equipamentos; a energia elétrica; o sinal de internet; entre outros fatores (Pindyck; Rubinfeld, 2013).

## 3.8.1 Custos econômicos *versus* custos contábeis

Os economistas veem os custos de forma diferenciada dos contadores, que estão preocupados em observar os ativos e os passivos, e mostrar o desempenho passado, que, por sua vez, tem uso externo, como ocorre nos demonstrativos anuais.

Os custos contábeis são os custos da forma como são conhecidos na contabilidade privada – ou seja, são explícitos, envolvem uma despesa monetária. São o gasto concreto da empresa com a compra e/ou com o aluguel de insumos.

Já os custos econômicos (ou de oportunidade) são implícitos, não envolvem desembolso monetário. Representam os valores da matéria-prima, que é de propriedade da firma, e são usados no processo produtivo. Esses valores são projetados a partir do que poderia ser ganho no melhor uso alternativo (Pindyck; Rubinfeld, 2013).

**Para saber mais**

Uma dúvida bastante recorrente refere-se à diferença entre custo contábil e econômico. *Grosso modo*, um trata do que já aconteceu e foi pago em dinheiro, e o outro corresponde ao custo de oportunidade, que significa "do que se abriu mão" naquele momento. Para aprofundar-se nessa discussão, indicamos a leitura do seguinte artigo:

MARQUES, K. C. M.; MARQUES, C. Custos de produção sob a ótica contábil e econômica. In: CONGRESSO BRASILEIRO DE CUSTOS, 14., 2007, João Pessoa. Disponível em: <http://periodicos.uem.br/ojs/index.php/Enfoque/article/view/8251/4613>. Acesso em: 5 abr. 2021.

## 3.8.2 Custos de oportunidade

Os custos de oportunidade são aqueles relacionados às oportunidades que serão abdicadas em determinado momento, no caso de a empresa optar entre a produção e o investimento. Esses custos são os contidos, relativos aos insumos de propriedade da empresa e que não envolvem dispêndio monetário. Eles são projetados a partir do que poderia ter sido ganho no melhor uso alternativo. Como exemplo, podemos apontar o capital parado no caixa da empresa ou no banco, que poderia ter rendimentos se estivesse aplicado no mercado financeiro (Pindyck; Rubinfeld, 2013).

### 3.8.3 Custos fixos e custos variáveis

De acordo com a quantidade produzida pela firma, geram-se diferentes custos, sendo que alguns permanecem sem alteração, independentemente da quantidade produzida. Divide-se o custo em dois componentes:

1. Custos fixos (CF): Também conhecidos como *custos diretos*, não se alteram com a quantidade produzida e só deixam de existir se a empresa parar de funcionar. Em conformidade com o cenário, os custos fixos podem incluir despesas como preservação do prédio, energia, eletricidade e quadro essencial de mão de obra. Esses custos não variam com o nível de produção – devendo ser pagos mesmo que não haja produção. A única maneira de a empresa eliminá-los totalmente é parar de operar, o que não significa, necessariamente, abandonar os negócios (Pindyck; Rubinfeld, 2013).

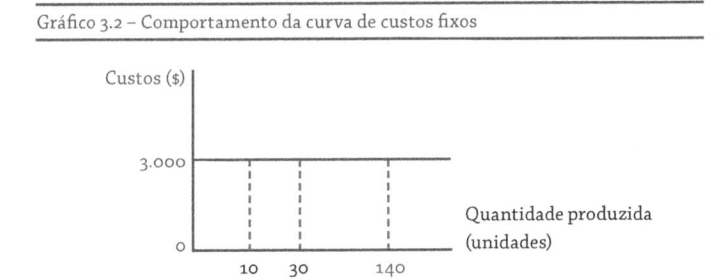

Gráfico 3.2 – Comportamento da curva de custos fixos

Fonte: Elaborado com base em Pindyck; Rubinfeld, 2013.

2. **Custos variáveis (CV)**: Também chamados *custos indiretos*, alteram-se em função da quantidade produzida. Abarcam despesas como remuneração aos trabalhadores, impostos e tudo o que é usado na produção. Esses custos aumentam quando o volume produzido cresce (Pindyck; Rubinfeld, 2013).

Gráfico 3.3 – Comportamento da curva de custos variáveis

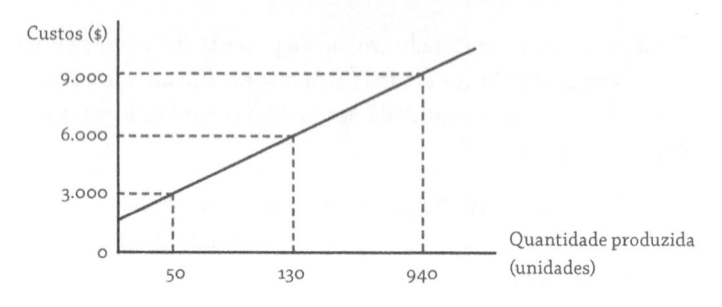

Fonte: Elaborado com base em Pindyck; Rubinfeld, 2013.

### 3.8.4 Custo marginal (CMg)

O custo marginal mede a variação dos custos para determinada mudança na produção. Em qualquer nível de alteração da produção de Y, é possível se perguntar como os custos variarão se a produção passar para uma quantidade $\Delta Y$. O custo marginal equivale à taxa de variação nos custos dividida pela variação na produção. Sua fórmula é a variação do custo total dividida pela da quantidade; por isso, o custo marginal indica mudança nos custos quando se decide produzir uma unidade a mais de um bem.

$CMg = \Delta CT / \Delta q$

Em que:
$CMg$ = Custo marginal;
$\Delta CT$ = Variação do custo total;
$\Delta q$ = Variação da quantidade.

Gráfico 3.4 – Curva do custo marginal

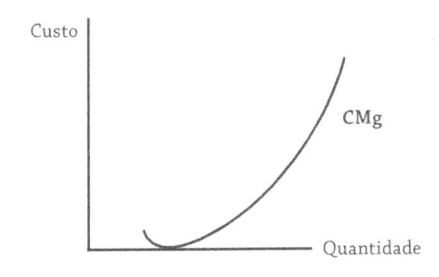

[Gráfico: eixo vertical "Custo", eixo horizontal "Quantidade", curva CMg em formato de U crescente]

Fonte: Elaborado com base em Pindyck; Rubinfeld, 2013.

## 3.8.5 Custo total médio (CTMe)

Custo total médio (CTMe), ou simplesmente custo médio (CMe), corresponde ao custo por unidade de produto. O CTMe é a razão entre o custo total e a quantidade produzida (Pindyck; Rubinfeld, 2013).

$CTMe = CT/q$

Em que:
CTMe = Custo total médio;
CT = Custo total;
q = Quantidade.

Basicamente, o CTMe expressa o custo unitário da produção, abrangendo dois componentes: o custo fixo médio (CFMe) e o custo fixo (CF). Vale lembrar que, se CTMe = CMg, a empresa alcançou a escala eficiente.

Gráfico 3.5 – Comportamento da curva de custo total médio

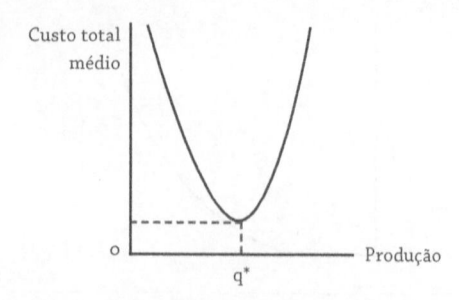

Fonte: Elaborado com base em Pindyck; Rubinfeld, 2013.

## 3.8.6 Custo variável médio (CVMe)

O custo variável médio é obtido pela razão entre o custo total e a quantidade produzida.

CVMe = CVT/q

Em que:
CVT = Custo variável total;
q = Quantidade produzida.

## 3.8.7 Ponto de equilíbrio (PE)

O ponto de equilíbrio de uma firma é a situação de lucro zero; é o nível mínimo (receita em vendas ou em quantidades vendidas) para que não haja prejuízo (Pindyck; Rubinfeld, 2013).

RT = CT

Em que:
RT = Receita total;
CT = Custo total.

Desdobrando a receita total, temos:

RT = QV × PV

Em que:

RT = Receita total;
QV = Quantidade vendida;
PV = Preço de venda.

Assim, verifica-se a necessidade de unidades vendidas e a receita requerida para a condição de ponto de equilíbrio, em que se deve igualar a RT e o CT (Pindyck; Rubinfeld, 2013).
A expressão RT = CT pode ser demonstrada, também, como:

QV × PV = CT

## 3.8.8 Curva de aprendizagem

Observe o gráfico a seguir.

Gráfico 3.6 – Curva de aprendizagem

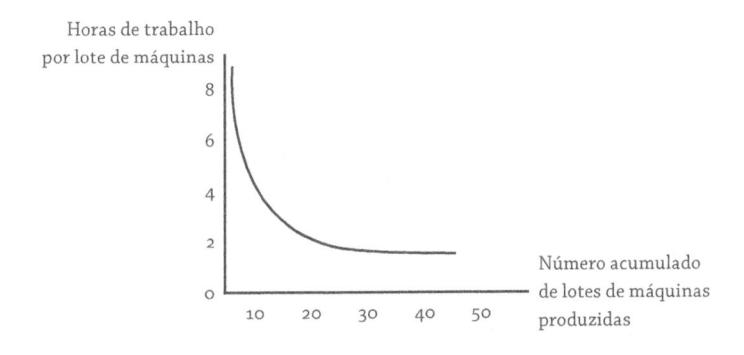

Fonte: Pindyck; Rubinfeld, 2013, p. 252.

É razoável inferir que as firmas que detêm custos médios mais baixos no transcorrer do tempo são as que estão em crescimento e que verificam rendimentos crescentes de escala. Todavia, isso pode não demonstrar a realidade. Pode-se comprovar essa hipótese com firmas cujo custo médio, em longo prazo, apresente declínio pelo fato de a mão de obra (tanto colaboradores quantos gestores) refinar sua aptidão e seus conhecimentos de técnicas e/ou de tecnologias à medida que se torna mais versada em suas funções. À proporção que os gerentes e os trabalhadores acumulam prática na produção, o custo marginal e o custo médio de determinado nível de produção decaem. Isso é resultado de quatro fatores, quais sejam:

1. Os colaboradores demoram um maior tempo para realizar uma tarefa específica no início de suas atribuições. Posteriormente, com maior experiência, sua rapidez aumenta.
2. Os gestores desenvolvem habilidades para estruturar a combinação produtiva de maior eficácia, desde a movimentação de materiais até o ordenamento da própria produção.
3. A engenharia das firmas, com base na experiência adquirida, passa a desenvolver inovações e novos projetos, reduzindo custos e otimizando a produção. Equipamentos mais eficazes, de melhor qualidade e especializados, assim como a reorganização da planta produtiva são fatores capazes de minimizar custos.
4. Os fornecedores podem desenvolver sistemas de gestão com maior eficácia, transformando parte dessa vantagem em custos menores. Como resultado, uma firma adquire conhecimento à medida que acumula produção. O gestor com uma maior bagagem de aprendizado pode realizar um melhor planejamento da produção e a implementação de projetos futuros com menores custos (Pindyck; Rubinfeld, 2013).

## 3.9 Receita total (RT)

Receita total é o faturamento da empresa (valor monetário das vendas). Calcula-se a receita multiplicando-se a quantidade vendida pelo preço de venda. É muito importante conhecer a receita, visto que indica a entrada de dinheiro no caixa da empresa.

Nesse caso, é preciso saber quantas unidades serão vendidas e fixar um preço de venda. Afinal, deve ser produzido somente aquilo que pode ser vendido, pois excedentes ou itens não vendidos traduzem-se em perda de faturamento e, consequentemente, em perda de lucro (Pindyck; Rubinfeld, 2013).

RT = QV × PV

Em que:
RT = Receita total;
QV = Quantidade vendida;
PV = Preço de venda.

Gráfico 3.7 – Comportamento da receita total

Custo total    Receita total

Maximização do lucro   Q

Fonte: Elaborado com base em Pindyck; Rubinfeld, 2013.

### 3.9.1 Receita média (RMe)

Receita por unidade de produção é sinônimo de preço quando não se discriminam preços no mercado. Encontra-se a receita média pela seguinte fórmula:

RMe = RT/QP

Em que:
RMe = Receita média;
RT = Receita total;
QP = Quantidade produzida.

## 3.9.2 Receita marginal (RMg)

Assim como o custo marginal, a receita marginal avalia a variação da receita total, dada uma variação na quantidade produzida e vendida. De forma bem simples, é a receita por vender uma unidade a mais.

RMg = ΔRT/Δq

Em que:
RMg = Receita marginal;
ΔRT = Variação da receita total;
Δq = Variação da quantidade.

Chega-se, por esse conceito, às seguintes conclusões:

- ❖ RMg > CMg: Há interesse em aumentar a produção, pois cada unidade adicional fabricada amplia o lucro;
- ❖ RMg < CMg: Há interesse em minimizar a produção, porque cada unidade adicional que deixa de ser fabricada eleva o lucro;
- ❖ RMg = CMg: Ocorre o lucro total, que será máximo.

## 3.10 LUCRO (L)

O lucro é o resultado obtido em uma operação; é a razão de ser de uma empresa. Os lucros são máximos no nível de produção em que RMg = CMg. Pode ser aferido aplicando-se a seguinte equação:

$L = RT - CT$

Em que:
L= Lucro;
RT = Receita total;
CT = Custo total.

## 3.11 IMPACTO GERAL DA TECNOLOGIA NOS SERVIÇOS

O avanço tecnológico tem revolucionado, rapidamente, as economias modernas por meio de serviços e apresentado oportunidades e desafios novos para os formuladores de políticas nacionais e corporativas. A tecnologia criou indústrias de serviços com escala, sofisticação, complexidade e potencial de valor agregado que se equiparam aos de qualquer indústria de manufatura.

Na verdade, serviços e manufatura são intimamente interligados. As indústrias de serviços estão entre os clientes e os fornecedores mais importantes da indústria, visto que compram muitos dos produtos de mais alta tecnologia de manufatura e fornecem importantes insumos para os fabricantes, proporcionando-lhes oportunidades de custo mais baixo do que os concorrentes estrangeiros em áreas críticas. Os serviços substituem as funções de manufatura de forma tão ampla e direta que nenhuma estratégia do fabricante está concluída sem uma consideração completa de como os serviços (ou tecnologias de serviços) podem contribuir para a produtividade, o valor agregado, o crescimento, a flexibilidade e a qualidade de saída da empresa.

No comércio internacional, os serviços criam relacionamentos fortes entre uma empresa estrangeira e seus países anfitriões. A maioria dos benefícios das indústrias de serviços, o produto, os empregos e as instalações são atribuídos ao país anfitrião, desenvolvendo, assim, uma forte reciprocidade de interesses entre as empresas-mãe e os países anfitriões.

No momento, algumas empresas de serviços dos Estados Unidos desfrutam de economias de escala e de um escopo ao qual seus concorrentes internacionais não podem se igualar, exceto nos setores bancário e de comunicações. O mercado desregulamentado dessa nação cria um estímulo exclusivo para a inovação. Se empresas de serviços estadunidenses se mobilizarem, agressivamente, para desenvolver seus próprios sistemas de tecnologia, podem manter uma vantagem competitiva de um a dois anos na maioria das áreas de serviços. Qualquer desaceleração em tais inovações certamente atrairá incursões competitivas nos mercados de serviços desse país e de todo o mundo – como já ocorreu com as expansões bancárias, turísticas, hoteleiras e aéreas japonesas e com as aquisições europeias significativas na distribuição dos Estados Unidos e nas atividades de comércio turístico.

A soberania nacional pode ser desafiada de maneiras novas e significativas pelo surgimento de tecnologias modernas no setor de serviços. Um país, individualmente, tem mais dificuldade de controlar alguns de seus recursos mais importantes, como informações, fluxos monetários e propriedade intelectual. A interdependência e a difusão nessas áreas, entretanto, podem suscitar maior estabilidade mundial e uma menor disparidade entre as nações. Como o capital e as informações fluem, cada vez mais, eletronicamente, através das fronteiras, uma questão real existe se as vantagens comparativas tradicionais são possíveis a longo prazo e se a base para o comércio diminui. Se as nações e as empresas não puderem obter os benefícios de suas pesquisas, provavelmente não desejarão continuar a realizá-las; ou serão obrigadas a empreender esforços ainda maiores para manter, pelo menos, uma vantagem de curto prazo que torne os lucros factíveis.

A mudança estrutural de longo prazo para os serviços levanta questões intelectuais e políticas fundamentais; todavia, embora haja alguns problemas, parece impróprio temer uma economia de serviços maior ou ridicularizá-la. Um temor maior deveria ser o de que as nações interpretem mal o setor de serviços, gerenciando-o incorretamente e negligenciando suas grandes oportunidades, ao mesmo tempo em que sustentam as indústrias manufatureiras com grandes custos nacionais e corporativos (Guile; Brooks, 1987).

**Fique atento!**

Você conhece a legislação brasileira relativa ao avanço da ciência, tecnologia e inovação em empresas e universidades do país? A Lei n. 10.943, de 16 de setembro de 2004 (Brasil, 2004), foi promulgada pelo Decreto n. 5.563, de 11 de outubro de 2005 (Brasil, 2005). Os principais pontos de inovação desse instrumento normativo são os seguintes, conforme Brasil (2021b):

- autoriza a incubação de empresas dentro de Institutos de Ciência e Tecnologia (ICTs);
- permite a utilização de laboratórios, equipamentos, instrumentos, materiais e instalações dos ICTs por empresas;
- facilita o licenciamento de patentes e a transferência de tecnologias desenvolvidas pelos ICTs;
- promove a participação dos pesquisadores dos ICTs nas receitas advindas de licenciamento de tecnologias para o mercado;
- autoriza a concessão de recursos financeiros diretamente para a empresa;
- prevê novo regime fiscal que incentive as empresas a investir em planejamento e em desenvolvimento (Capítulo III da Lei do Bem);
- autoriza participação minoritária do capital de empresa de pesquisa energética cuja atividade principal seja inovação;
- autoriza a instituição de fundos mútuos de investimento em empresas cuja atividade principal seja a inovação.

### 3.11.1 Inovação nos serviços

Tradicionalmente, a inovação baseia-se em serviços tecnológicos e tem o papel de gerenciar e de proteger esses avanços (Schumpeter, 1982). Serviços intangíveis sugerem a necessidade de ampliar o escopo da inovação.

As organizações têm como objetivos fornecer inovação de serviços; oferecer, constantemente, melhorias operacionais voltadas à tecnologia; investir no desempenho dos funcionários; apoiar a experiência do cliente; e prover novos conceitos de serviço ou novos modelos de negócios para entregar serviços (Enz, 2012).

A criação de serviços pelas empresas, em conjunto com seus clientes (por meio de seus *feedbacks* e sugestões), pode ajudá-las a ser inovadoras (Hjalager; Konu, 2011). De acordo com estudos teóricos, a inovação em serviços é vista como um processo linear e formal (Essén, 2009). Essa abordagem enfatiza a importância de se criar uma boa percepção da inovação de serviço como um conjunto regular de atividades que são controladas pela gestão e apoiadas pela organização (Chae, 2012).

Com base na teoria de Essén (2009) e Chae (2012), desenvolveu-se outro modelo de inovação de serviço ao serem acrescidas certas características. Nessa perspectiva, um serviço pode ser criado com base na interação entre os agentes econômicos e várias fontes, como prestadores de serviços e clientes (por exemplo, por meio da integração de sistemas, do suporte administrativo, de equipamentos, de tecnologia) (Chae, 2012). Isso sugere que a inovação de serviço é viabilizada por prestadores de serviços e por seus clientes a partir da natureza imprevisível da interação e da estruturação (Kristensson; Matthing; Johansson, 2008). Assim, a inovação de serviço é um processo evolutivo que articula recursos dinâmicos para atender às necessidades do cliente.

Em um ambiente competitivo, o planejamento ativo pode ser mais valioso do que um planejamento passivo quando o assunto é inovação em serviços (Chae, 2012). Gadrey, Gallouj e Weinstein (1995) explicam que a inovação de serviço é gerada pelos processos de inovação para produtos de serviços existentes. Hertog (2000) descreve inovação de serviço como uma combinação de *feedback* do cliente (por exemplo, por meio de sistemas de entrega de serviço) e de uma possível tecnologia de solução.

Os indicadores comumente usados com a capacidade de inovação de uma empresa são os gastos com pesquisa e desenvolvimento (PeD) e com patentes. Ambos os indicadores têm várias deficiências. Uma desvantagem de usar PeD para despesas é o fato de que refletem uma entrada do processo inovador em vez de uma saída. Algumas empresas podem ser capazes de usar seu orçamento de PeD de modo mais eficiente e de alcançar o mesmo nível de produção inovadora com menos insumos. Além disso, como uma medida de inovação, o PeD tende a ser subestimado em pequenas empresas de serviços (Kleinknecht, 1996). Ambos os argumentos fazem das despesas de PeD um indicador de inovação problemático.

Com relação às patentes como um indicador de desempenho de empresas inovadoras, deve-se notar que muitas inovações não são patenteadas, sendo que a vontade de patentear varia entre setores e classes de tamanho da empresa. Novamente, pequenas empresas e empresas de serviços são menos propensas a patentear em comparação com outras (Kleinknecht, 1996; Arundel; Kabla, 1998), o que aponta dificuldades no emprego desse indicador.

Uma medida mais válida de inovação é a presença de vendas inovadoras. Uma vantagem clara dessa medição de inovação resultante é a captura do confronto entre a inovação (produto) e as demandas do mercado. Portanto, está mais próxima da definição geral aceita de inovação, que inclui a introdução da inovação no mercado (Hagedoorn; Cloodt, 2003).

Uma segunda dimensão da inovação é o nível de novidade. As atividades no setor de serviços exigem que os funcionários desenvolvam o pensamento criativo, a fim de promover processos inventivos nas organizações (Shah et al., 2009).

Modelos comportamentais inovadores recentes tentam examinar e compreender os comportamentos inovadores dos funcionários. Esses estudos revelam uma série de fatores psicológicos, como compartilhamento de informações e cultura de equipe, que podem servir para interpretar tais condutas. No entanto, pouco se sabe sobre esses fatores-chave, que, geralmente, afetam os resultados dos funcionários: estilo de liderança, características do trabalho e motivação em uma organização. Apesar disso, a importância de comportamentos inovadores na organização do setor de serviços conquista cada vez mais reconhecimento (Mittal; Dhar, 2015).

## 3.12 AGLOMERAÇÃO DE EMPRESAS

Os efeitos de aglomeração são, basicamente, economias de escala espaciais, que existem apenas em distâncias espaciais limitadas devido tanto aos custos de transação para superar a distância geográfica quanto aos custos de transporte e de comunicação (Baranes; Tropeano, 2003). Portanto, há um limite espacial para o quanto as organizações podem beneficiar-se dessas economias de escala particulares, que as induzem a se concentrarem em certas regiões (Gordon; McCann, 2000). A proximidade geográfica entre as empresas influencia sua capacidade de inovação (Gordon; McCann, 2000; Moulaert; Sekia, 2003).

O primeiro mecanismo, efeitos de aglomeração, alicerça-se na proximidade geográfica entre grupos de empresas, sem a necessidade de qualquer interação interorganizacional localizada (Gordon; McCann, 2000). Por sua vez, o segundo mecanismo refere-se ao conhecimento tácito por meio do qual, em razão dessa proximidade geográfica, as organizações interagem, fomentando, mesmo que inconscientemente, que os segredos deixem de existir (Knoben; Oerlemans, 2006).

Em suma, o primeiro mecanismo diz respeito a estar em uma concentração espacial de atividades econômicas, ao passo que o segundo mecanismo foca a interação com outras organizações locais. O objetivo de discutir esses mecanismos separadamente não é mostrar que são estanques, mas que essa aproximação propicia uma maior especialização em determinada área ou setor nas organizações que ali se encontram (Knoben; Oerlemans, 2006).

Aprofundar o conhecimento da magnitude e das causas das economias de aglomeração tem sido um campo de interesse renovado na literatura econômica (Marshall 1980; Smith, 2017) em torno da importância das economias de escala para aglomeração. Smith (2017) apresenta as seguintes ideias: a expansão permite que empresas e trabalhadores especializem-se em certas atividades; a especialização e a divisão do trabalho aumentam a produtividade. Marshall (1980) postula que as indústrias especializam-se geograficamente porque a proximidade favorece a transmissão do conhecimento, a redução dos custos de transporte dos insumos e dos produtos, assim como uma maior eficiência dos mercados de trabalho. Analogamente, Duranton e Puga (2003) especificam os mecanismos que levam à aglomeração: compartilhamento, correspondência e aprendizagem. O mecanismo de compartilhamento inclui os lucros advindos da grande variedade de insumos e da especialização industrial.

A teoria da urbanização inicial deve definir a conotação da migração da urbanização do rural para o urbano, ao passo que a economia de serviços é construída na urbanização com base nas funções urbanas. Avanços de fatores de produção e serviços modernos para a aglomeração urbana constituem o novo conteúdo do urbano, que é o resultado do desenvolvimento econômico até um estágio específico.

Singelmann (1978), um dos primeiros a estudar a relação entre urbanização e indústria de serviços, comprovou que essa é a razão do crescimento do setor de serviços, o qual é moldado pelas características dos serviços. Os serviços exigem oferta e demanda face a face, e o desenvolvimento urbano propiciou essas condições. Além disso, a urbanização promoveu o aprimoramento de serviços governamentais e de outros setores de serviços sem fins lucrativos.

Sabolo (1975) identificou essa relação considerando análises de países em desenvolvimento. Daniels, O'Connor e Hutton (1991), por sua vez, fizeram um uma pesquisa em cidades americanas do setor de serviços e confirmaram que o mercado regional formado pelo processo de urbanização tornou-se a base para o desenvolvimento da indústria de serviços e que a urbanização em si estimulou o progresso e a expansão do referido setor.

Chen et al. (2014) afirmam que os benefícios da área de serviços modernos aparecem, principalmente, no produto prestado por serviço. Em longo prazo, as ofertas de serviços modernos não são competitivas e não são exclusivas. De modo geral, as empresas que produzem mercadorias exclusivas terão a maior parte dos benefícios de ganho do mercado.

As empresas que produzem bens não exclusivos enfrentam grande impacto em suas receitas. Esses bens poderiam produzir benefícios de longo prazo para a sociedade e, eventualmente, tornarem-se parte do serviço público social. Como a programação de *softwares* de idiomas, os produtos culturais, os recursos de bancos de dados e os modelos de precificação de ativos são serviços não exclusivos, a receita recebida por seus produtores é muito limitada, embora eles possam beneficiar toda a região por meio de seus produtos.

De qualquer modo, o setor de serviços, no processo de desenvolvimento com função social, também está crescendo. Especialmente, pode gerar novos empregos, reintegrar recursos urbanos à funcionalidade da cidade e aumentar a capacidade de carga abrangente desta, o que muito contribui para a expansão dos benefícios sociais do desenvolvimento urbano (Chen et al., 2014).

**Perguntas & respostas**

1. Por que a aglomeração de empresas é tão importante?

A aglomeração de empresas, sejam de produtos, sejam de serviços, é necessária, uma vez que pode gerar conhecimento e, também, nicho de mercado. Quando se concentram em dado ponto geográfico, fortalecem aquele espaço e oferecem ao consumidor uma maior variedade de produtos e/ou de serviços. O propósito dessa ação é obter algum tipo de vantagem que não seria possível isoladamente.

### 3.12.1 Aglomeração virtual

A aglomeração virtual de serviços para produtores e para empresas de manufatura – como a ecologização e a servitização – e a transformação inteligente da indústria para a entrada de serviços para produtores desempenham um papel cada vez mais proeminente no processo de inovação de empreendimentos de manufatura. A aglomeração virtual pode delinear um ambiente estável para o progresso de um grande número de empresas (Liu et al., 2020).

Ye e Jiang (2018) usaram simulação de computador para estudar o comportamento empreendedor de empresas em um *cluster* de *e-commerce* virtual. Descobriram, com isso, que a emergência de novas organizações no *cluster* conduz à estabilidade das demais. A aglomeração virtual de serviços é propícia à promoção da inovação nas empresas. Uma maior inovação nas cidades decorre de uma massa de instituições, como agências governamentais relacionadas e empresas multinacionais (Martinus; Suzuki; Bossaghzadeh, 2019). Salvador-Carulla et al. (2013) realizaram uma pesquisa sobre a localização "física" do parque científico e sobre a localização "virtual" do *cluster* de inovação. Aplicaram um questionário em Piemonte, na Itália, e descobriram que os dois conceitos são complementares. Também concluíram que os membros do *cluster* evidenciam a pertinência de aumentar as capacidades de inovação e de estabelecer projetos de pesquisa colaborativos.

### 3.12.2 Situação da aglomeração virtual de serviços para produtores

De acordo com Liu et al. (2020), os serviços para produtores podem ser subdivididos em categorias: tráfego, transporte, armazenamento e correios; transmissão de informações; serviços de informática e de *software*; locação e serviços comerciais; pesquisa científica e serviço técnico; e intermediação financeira.

O serviço de crédito é um serviço básico da intermediação financeira, e o seu grau de digitalização pode refletir a integração da intermediação financeira e da internet em certa medida. O número de plataformas de crédito *on-line* também teve um rápido crescimento, de 1.375 para 6.489, um aumento de 3,72 vezes. Isso mostra que os serviços do produtor estão integrando-se ativamente à internet, lançando as bases para sua aglomeração virtual.

Além disso, de acordo com o serviço Internet Plus para pequenas, médias e microempresas, divulgado por um *site* de prestação de serviços em 2018 (Liu et al., 2020), os prestadores de serviços de *design* de marca ficaram em primeiro lugar, respondendo por quase 16%. Ao mesmo tempo, os cinco principais provedores de serviços com rápido crescimento também pertencem aos serviços de produtores. Percebe-se que a aglomeração virtual de serviços ao produtor tem apresentado certa escala na plataforma de internet e um bom ritmo de crescimento (Liu et al. 2020).

## Síntese

Neste capítulo, esclarecemos que:

- Uma função de produção comprova a produção máxima que uma firma pode obter para cada combinação dos diversos insumos.
- Em curto prazo, uma e/ou mais matérias-primas do processamento do produto são fixas; já, em longo prazo, todas as matérias-primas são iminentemente variáveis.
- Todos os insumos do processo produtivo são variáveis em longo prazo. Como resultado, a escolha dos insumos depende dos custos relativos dos fatores de produção e, da mesma forma, da capacidade da empresa de fazer substituições dos insumos utilizados em seu processo de produção.
- O custo marginal demonstra à empresa quanto custa produzir mais uma unidade de seu produto ou serviço.
- Conforme a lei dos rendimentos decrescentes, no momento em que um ou mais insumos são fixos, o insumo variável apresenta um produto marginal que diminui conforme o nível de produção aumenta.
- Custo econômico é o custo de uma firma na aplicação de recursos econômicos na produção.
- O crescimento econômico de um país está ligado ao nível de produtividade de sua mão de obra, que, por sua vez, corresponde à educação e aos investimentos do governo. Em países desenvolvidos, em que isso já é possível, o setor de serviços tem uma grande participação na economia.
- A maior probabilidade de substituição de matéria-prima no processo produtivo é alterada de acordo com a função de produção da qual os insumos são substitutos perfeitos – função de produção em que as matérias-primas são fixas na mesma proporção.

❖ A inovação faz parte do crescimento das empresas, e o Brasil, com esse pensamento, criou a Lei n. 10.943/2004, que trata do desenvolvimento da tecnologia com a fusão entre universidades e empresas.

❖ A aglomeração de empresas, sejam de serviços, sejam de produtos, alavanca seus processos no local em que estão instaladas, bem como o refino de tecnologias.

## Questões para revisão

1. Preencha a tabela a seguir. Nas três colunas iniciais, apresente o volume de produto – ou seja, o que será produzido em determinado período por meio de diferentes níveis de trabalho. A primeira coluna refere-se à quantidade de trabalho (L); a segunda, à quantidade fixa de capital (K); a terceira, ao produto total (q); a quarta, ao produto médio (PMeL); e a quinta, ao produto marginal (PMgL).

Para quantidade de trabalho (L), utilize 1, 2, 3, 4, 5, 6, 7, 8, que são os números de trabalhadores em ordem crescente; e quantidade de capital (K) fixo em 5 unidades. Identifique e registre qual é o produto médio da quinta unidade de trabalho; a partir de quantas unidades o produto marginal começa a ficar negativo; e o que isso significa.

Tabela A – Produção com um insumo variável

| Quantidade de trabalho (L) | Quantidade de capital (K) | Produto total (q) | Produto médio (q/L) | Produto marginal ($\Delta q/\Delta L$) |
|---|---|---|---|---|
| | | | | |
| | | | | |
| | | | | |
| | | | | |
| | | | | |

Assinale a alternativa correta:

a) O produto médio da 5ª unidade de trabalho é 20, e o produto marginal começa a ficar negativo a partir da 7ª. Assim, as quantidades adicionais de trabalho não são mais úteis a partir da 7ª e podem ser contraproducentes.
b) O produto médio da 5ª unidade de trabalho é 19, e o produto marginal começa a ficar negativo a partir da 8ª. Assim, as quantidades adicionais de trabalho não são mais úteis a partir da 8ª e podem ser contraproducentes.
c) O produto médio da 5ª unidade de trabalho é 15, e o produto marginal começa a ficar negativo a partir da 3ª. Assim, as quantidades adicionais de trabalho não são mais úteis a partir da 3ª e podem ser contraproducentes.
d) O produto médio da 5ª unidade de trabalho é 12, e o produto marginal começa a ficar negativo a partir da 3ª. Assim, as quantidades adicionais de trabalho não são mais úteis a partir da 3ª e podem ser contraproducentes.

2. Certa empresa produz milhões de computadores pessoais todos os anos. Os custos mais importantes são os dos componentes: o microprocessador, que executa, efetivamente, a computação; e os *chips* de memória. O gestor da empresa está preocupado com o custo de produção e não tem certeza se deve ou não aumentá-la. Considerando os tópicos discutidos no capítulo, assinale a alternativa que melhor orienta esse gestor diante da situação retratada:
a) Ele deve observar os custos diversos e o marginal, uma vez que este informa o valor requerido para a produção de mais uma unidade.
b) Ele deve observar seu custo variável, uma vez que terá de empregar mais mão de obra.
c) Ele deve observar seu custo variável médio, que informa a variação média dos gastos.
d) Ele deve observar seu custo total médio, que indica os gastos com o produto.

3. O gestor da empresa XYZ está sempre preocupado com analisar a receita que cada um de seus vários produtos entrega à companhia. Nesse processo, ele constatou que a receita marginal estava maior do que o custo marginal para a produção da placa-mãe de computadores. Conforme os conceitos do capítulo, assinale a alternativa que apresenta a orientação mais apropriada e devidamente justificada para o caso desse funcionário:

a) Reduzir a produção, pois cada unidade adicional fabricada acarretará prejuízo.

b) Diminuir a produção, pois cada unidade adicional não fabricada alargará o lucro.

c) Aumentar a produção, pois cada unidade adicional fabricada duplicará os custos.

d) Aumentar a produção, pois cada unidade adicional fabricada aumentará o lucro.

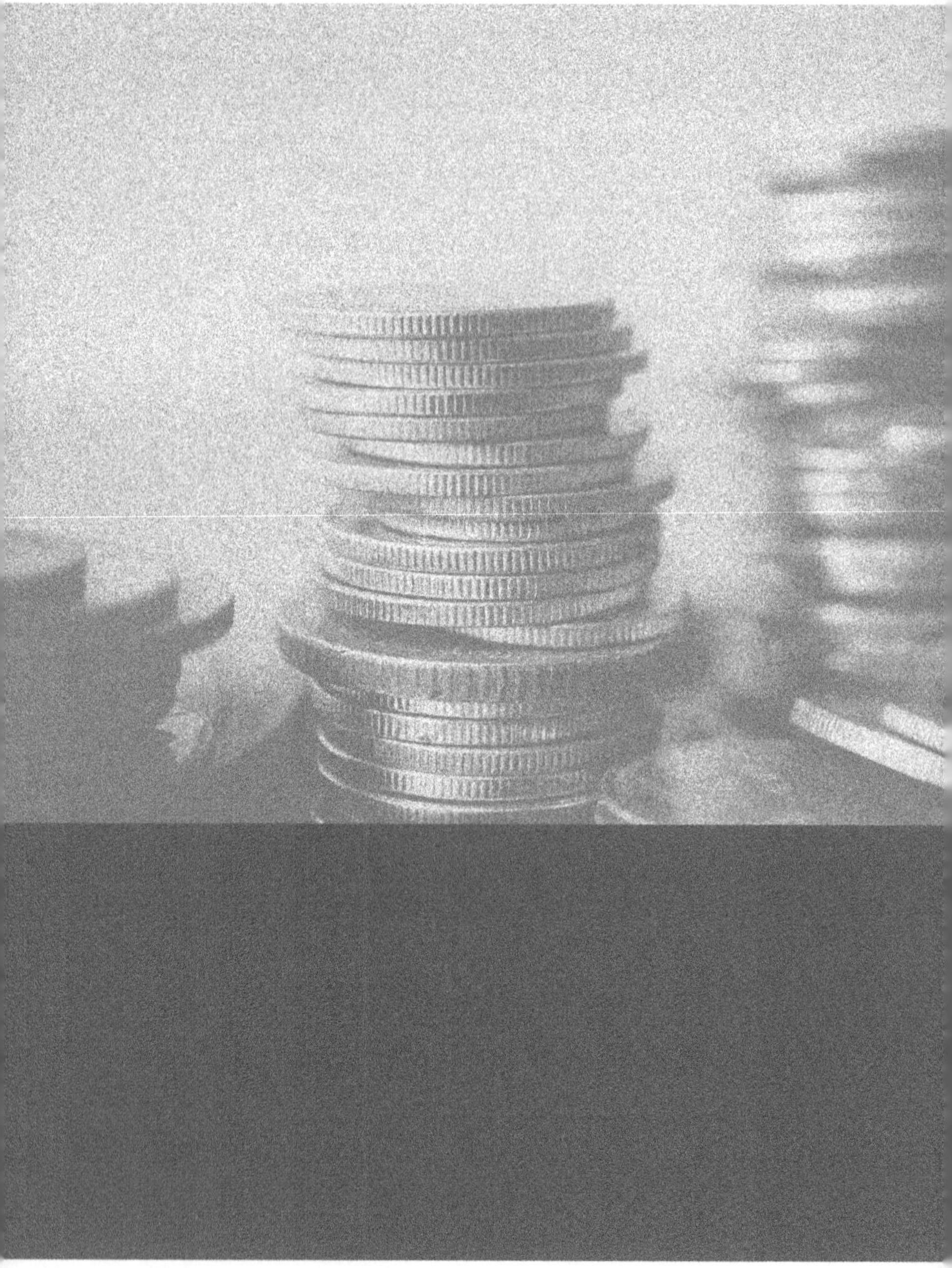

# 4

# Estrutura de mercados

## Conteúdos do capítulo

- Concorrência perfeita e monopólio.
- Concorrência monopolista e oligopólio.
- Teoria dos jogos.
- Subáreas do setor de serviços brasileiro.

## Após o estudo deste capítulo, você será capaz de:

- identificar e descrever os mercados de concorrências perfeita e imperfeita;
- explicar a teoria dos jogos;
- reconhecer características e funções das subáreas do setor de serviços brasileiro.

Conhecer o mercado em que atua e saber se pode influenciar o preço dele e a concorrência são questões de extrema importância para qualquer empresa. Toda organização tem de sempre olhar o passado como um aprendizado; o presente como meio para fortalecer a marca da empresa; e o futuro como uma estratégia de consolidação de seu espaço. O estudo das estruturas de mercado permite isso de forma segura ao empreendedor. As firmas podem escolher a melhor opção para estruturar seus negócios, considerando suas dificuldades e facilidades para posicionar-se no mercado: monopólio, oligopólio, mercado de concorrência perfeita e concorrência monopolística.

Planejar as ações das empresas e antecipar-se à concorrência é primordial para quem deseja destacar-se. Por isso, a teoria dos jogos e o dilema dos prisioneiros – que refletem o uso da matemática a favor da tomada de decisão – têm auxiliado muito as grandes empresas a traçar seu planejamento estratégico, prospectando o que a concorrência pode vir a praticar.

## 4.1 Concorrência pura ou perfeita

A estrutura de mercado pesquisa a dificuldade de inserção das firmas em dado mercado; a quantidade de firmas produtoras; e o poder que têm de influenciar o preço em relação à singularidade de seus produtos (Vasconcellos, 2011; Pindyck; Rubinfeld, 2013).

Nesse tipo de mercado há grande número de empresas, as quais são chamadas de *ofertantes*. A concorrência, nesse cenário, dá-se por meio dos preços: quem tem o melhor preço vende mais. O mercado de concorrência perfeita apresenta as seguintes peculiaridades:

- **Hipótese da atomicidade:** Mercado com ilimitado número de vendedores e de compradores (como átomos), de modo que uma única firma é incapaz de alterar o preço de mercado.
- **Hipótese da homogeneidade:** O produto ofertado pelas empresas não tem particularidades significativas, nem mesmo em termos de qualidade e embalagem.
- **Hipótese da mobilidade de firmas:** Irrestritas entrada e saída de concorrentes, sem intervenção para compradores e para vendedores.
- **Hipótese da racionalidade:** Os consumidores potencializam sua utilidade e/ou sua satisfação, e as firmas sempre potencializam o lucro pela aquisição de bens e de serviços. Portanto, os atores comportam-se de forma racional.
- **Transparência de mercado:** Dados relevantes, como custos, lucros e receitas, são de conhecimento de todos (concorrentes, consumidores e vendedores).
- **Hipótese da mobilidade de bens:** Inexiste restrição quanto à mobilidade de produtos entre regiões e, com isso, não há custos de transporte. Por último, a localização geográfica de vendedores e consumidores não é importante.
- **Inexistência de externalidades:** Acredita-se que não ocorram externalidades. Em outras palavras, assume-se que não existe influência no custo pelas firmas participantes, da mesma forma que aquilo que é consumido pelo comprador também não interfere nos demais aspectos.
- **Mercado de fatores de produção também em concorrência perfeita:** Refere-se aos fatores de produção e a seus preços. Para todas as empresas desse mercado de bens e de serviços, as curvas de custos de produção são iguais (Vasconcellos, 2011).

## 4.1.1 Funcionamento do modelo de concorrência perfeita

Para se identificar, em uma empresa de concorrência perfeita, se o lucro é máximo em determinada produção, é preciso averiguar como se comporta a demanda desse mercado. Isso permite uma previsão das receitas da firma e do comportamento dos custos (Vasconcellos, 2011).

### 4.1.2 Curvas de demanda de mercado e da firma individual

Observe o gráfico adiante.

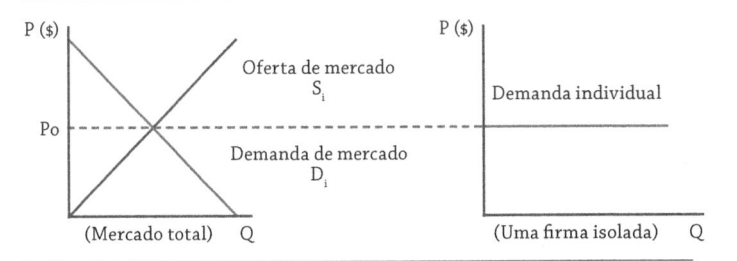

Gráfico 4.1 – Curvas de demanda de mercado e da firma individual em concorrência perfeita

P ($)

Oferta de mercado
$S_i$

Po

Demanda de mercado
$D_i$

(Mercado total)  Q

P ($)

Demanda individual

(Uma firma isolada)  Q

Fonte: Vasconcellos, 2011, p. 141.

De acordo com a hipótese de atomicidade, isoladamente, uma empresa não é capaz de modificar o preço de mercado. Ocorrendo a saída de uma firma desse âmbito, por exemplo, a alteração de preço seria extremamente pequena na curva de oferta de mercado e não modificaria o preço da oferta (Po).

Então, a curva de demanda é definida para a empresa e tem aparência horizontal. Esse é o único preço a ser praticado pela organização, pois:

❖ se optar por vender a um preço maior, não terá venda (como os produtos não apresentam grandes diferenças,

os consumidores comprarão, a preços menores, de outras firmas);
✧ por um preço menor, não é possível vender, uma vez que isso atinge o princípio da racionalidade: se o preço expressa aquele que a empresa deseja praticar, não existe motivo para vender a um preço mais baixo.

Dessa forma, a empresa vende de acordo com sua capacidade, dependendo apenas de seu tamanho e sua formação de custos.

Diante disso, a curva de demanda de mercado é negativamente inclinada, mas a curva de procura, para a firma individual, é horizontal. Portanto, apresenta uma procura infinitamente elástica: se ocorrerem mudanças de preço de mercado, a empresa deve adequar a quantidade ofertada, dado que fixar preços já não é possível.

Em um mercado de concorrência perfeita, a curva de demanda é perfeitamente elástica para a empresa (Vasconcellos, 2011).

### 4.1.3 Curvas de receita da firma

Receita total (RT) é o faturamento total e corresponde ao produto do preço unitário de venda pela quantidade vendida. Essa relação pode ser expressa pela seguinte equação:

$RT = p \times q$

Em que:
RT = Receita total;
p = Preço unitário;
q = Quantidade.

A receita média (RMe) é a receita por unidade de produto vendida (ou receita unitária) e pode ser calculada aplicando-se a fórmula a seguir:

$RMe = \dfrac{RT}{q}$
$RMe = p \times q = p$
Assim, $RMe = p$

Logo, a receita média é sempre igual ao preço unitário de venda. De outra perspectiva, como o preço da oferta é o mesmo da demanda no caso de uma empresa individual, a RMe terá a mesma curva de demanda.

### O que é

A RMe apresenta o que o consumidor compra a um preço determinado, retratando a própria demanda. Em concorrência pura, a RMe é fixa, pois o preço de oferta é constante.

Por fim, a receita marginal (RMg) é a receita adicional (ou a alteração da receita total) no instante em que varia a quantidade vendida; ou, ainda, a receita extra, se for vendida mais uma unidade. Em concorrência pura, a receita marginal é o preço recebido pela unidade adicionalmente vendida. Então, a RMg é igual ao preço e é fixada (pois o que se ganha de receita adicional é constante) (Vasconcellos, 2011).

$$RMg = \frac{\Delta pq}{\Delta q} = \partial pq/\partial q = p$$

Portanto, RMg = p
$\partial pq/\partial q = 0$

A derivada de p dividida pela derivada de q é igual a zero, pois p é constante: a derivada de uma constante é zero.

Gráfico 4.2 – Curva de demanda de uma firma em concorrência perfeita

P ($)

$P_0 = RMe = RMg$ → Demanda para a firma individual, em concorrência perfeita

$P_0$

(Uma firma isolada)   Q

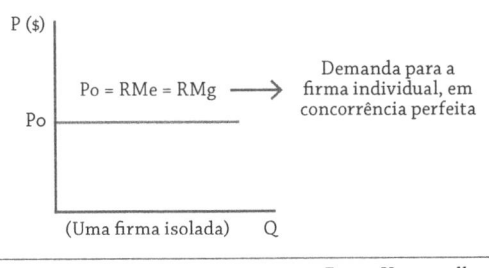

Fonte: Vasconcellos, 2011, p. 142.

## 4.1.4 Equilíbrio da firma em concorrência perfeita (a curto prazo)

Acredita-se que, pela ótica racional, o objetivo da firma seja a maximização do lucro, após ter sido fixado o preço pelo mercado. Isso definido, saber qual quantidade produzida concretiza esse objetivo é uma incógnita (Vasconcellos, 2011).

O cálculo da maximização do lucro é o seguinte:

RMg = CMg, sendo CMg crescente

Então, se "Receita adicional > custo adicional, o lucro marginal aumenta e a quantidade deve ser aumentada, pois o lucro aumentará; Receita adicional < custo adicional, a quantidade $q$ não será aumentada, pois o lucro cairá (ou o prejuízo aumentará)" (Vasconcellos, 2011, p. 144). Desta feita, no equilíbrio RMg = CMg, tem-se a produção ótima que maximiza o lucro da firma, visto que foi identificada a quantidade ótima a ser produzida.

A receita marginal é igual ao preço de mercado em uma concorrência pura:

p = CMg
Em que:
p = Preço de mercado;
CMg = Custo marginal.

Salientamos que, teoricamente, a curva de CMg deve ter um formato em U, existindo dois pontos em que RMg = CMg.

Gráfico 4.3 – Pontos em que RMg = CMg em um contexto de concorrência pura

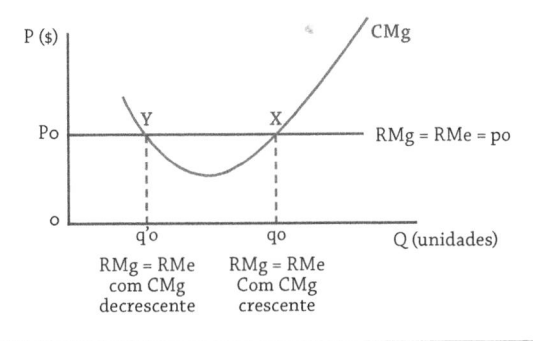

```
P ($)                    CMg
         y       x
Po  ─────────────────────  RMg = RMe = po

  0 ────┴───────┴─────────  Q (unidades)
       q'o      qo
     RMg = RMe  RMg = RMe
     com CMg    Com CMg
     decrescente crescente
```

Fonte: Elaborado com base em Vasconcellos, 2011.

A maximização está no ponto X. Apesar de a curva de custo marginal tocar a curva de receita marginal no ponto Y, ainda é decrescente (virada para baixo), demonstrando que se deve manter a produção. Por outro lado, no ponto X, a curva do custo marginal está virada para cima – ou seja está positiva e crescente. Como a curva de receita marginal está mais afastada de zero, isso indica uma maior quantidade de produto no ponto X, comprovando a maximização do lucro (Vasconcellos, 2011).

## 4.2 Monopólio

Nesse modelo, lida-se com um mercado de característica singular, já que uma firma é a única a vender determinado produto ou serviço, sem concorrentes.

As particularidades do monopólio são as seguintes:

- ❖ uma única firma oferece certo produto ou serviço, determinando, inclusive, o quantitativo disponibilizado;
- ❖ não há produtos ou serviços substitutos ou similares;

❖ existem obstáculos ao acesso de novas firmas concorrentes;
❖ o preço do produto ou serviço é fixado pela firma que o comercializa (Vasconcellos, 2011; Pindyck; Rubinfeld, 2013).

Os obstáculos à entrada de novas firmas em mercado como esse são diversos, a saber:

❖ **Monopólio puro ou natural:** São firmas que necessitam de grande escala de produção, exigindo, por sua vez, significativos investimentos. Dessa feita, a empresa monopolista, já estabelecida em grandes áreas, tem condições de produzir com baixos custos, assumindo toda a produção do mercado. Isso cria obstáculos para outra empresa se equiparar à monopolista. Como exemplos, podemos citar os serviços associados à utilidade pública, como água, tratamento de esgotos, TV a cabo etc.
❖ **Proteção de patentes:** Significa que certa instituição tem o direito exclusivo de produzir um bem ou serviço. Esse é o caso, por exemplo, do sistema operacional Windows, da Microsoft.
❖ **Controle sobre o fornecimento de matérias-primas essenciais:** Isso ocorre quando determinada firma detém o controle de matérias-primas essenciais para a produção de outras empresas. Como exemplo, podemos citar o caso da Companhia Brasileira de Metalurgia e Mineração, que opera a extração de nióbio em todo o território nacional.
❖ **Tradição no mercado:** Por estarem há muito tempo no mercado, algumas firmas conquistam a preferência do consumidor. Por exemplo, no mercado de relógios, a produção nipônica teve vultuosos gastos e precisou de muito tempo para vencer os tradicionais relógios suíços (Vasconcellos, 2011; Pindyck; Rubinfeld, 2013).

> **Para saber mais**
>
> "Patente é um título de propriedade temporária sobre uma invenção ou um modelo de utilidade. É outorgado pelo Estado aos inventores, aos autores e a outras pessoas físicas ou jurídicas detentoras de direitos sobre a criação" (Inpi, 2020). Para mais informações sobre esse tema, acesse:
>
> INPI – Instituto Nacional da Propriedade Industrial. Patentes. 2020. Disponível em: <https://www.gov.br/inpi/pt-br/servicos/perguntas-frequentes/patentes#patente>. Acesso em: 1º abr. 2021.

Segundo Samuelson e Nordhaus (2012, p. 151),

A maioria dos monopólios persiste em virtude de alguma forma de regulação ou proteção estatal. Por exemplo, uma empresa farmacêutica que descobre um novo medicamento fantástico pode ter garantida uma patente que lhe dá o controle monopolista sobre esse medicamento durante um certo número de anos.

## 4.2.1 Funcionamento do mercado de monopólio

Como explicitamos, a principal característica do mercado de monopólio é a presença de apenas uma empresa na produção de certos bens ou serviços. Caso o monopolista deseje vender uma maior quantidade, o preço cairá; se optar por produzir uma menor quantidade, o preço subirá. Dessa forma, a firma monopolista tem o domínio do preço de mercado. No entanto, de forma alguma isso significa que pode determinar o preço que quiser, com vistas a maximizar o seu lucro. Por conseguinte, a demanda de mercado será a demanda da firma (Vasconcellos, 2011; Pindyck; Rubinfeld, 2013).

Gráfico 4.4 – Curva de demanda do monopólio

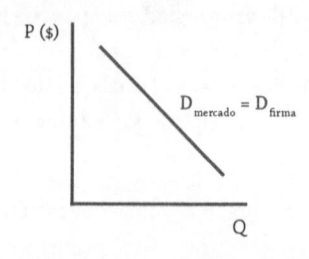

$D_{mercado} = D_{firma}$

Fonte: Vasconcellos, 2011, p. 156.

Caso o monopolista queira maximizar seus lucros, deve detectar, primeiramente, os custos e as características da demanda de mercado. De posse dessa informação, é possível a tomada das decisões econômicas de quanto produzir e de quanto vender. O preço unitário que o monopolista recebe é auferido, diretamente, da curva de demanda de mercado. O mesmo se aplica à definição do preço e à quantidade que deve vender a determinado preço (Vasconcellos, 2011; Pindyck; Rubinfeld, 2013).

### 4.2.2 Receitas média e marginal

No mercado monopolista, a receita média é o preço recebido por unidade vendida, sendo, precisamente, o que consta na curva de demanda de mercado. Para determinar a quantidade viável para a maximização dos lucros, o monopolista, obrigatoriamente, deve saber qual é a receita marginal.

As demonstrações matemáticas das receitas média e marginal (Vasconcellos, 2011, p. 54) são:

$$RMe = \frac{RT}{q} = \frac{p \times q}{q} = p$$

$$RMe = p$$

Em que:
RMe = Receita média;
RT = Receita total;
p = Preço;
q = Quantidade.

A receita média é o valor que o consumidor paga por cada unidade do produto. Então, é a própria demanda de mercado.

$$RMg = \frac{\Delta RT}{\Delta q}$$

Em que:
RMg = Receita marginal;
$\Delta RT$ = Variação da receita total;
$\Delta q$ = Variação da quantidade.

A conclusão nesse caso é: RMg ≠ RMe, porque a quantidade adicional é vendida a um preço mais baixo do que as porções anteriores.

Gráfico 4.5 – Curvas das receitas média e marginal

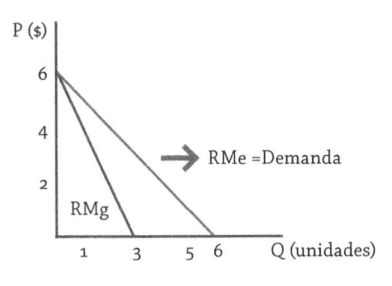

Fonte: Elaborado com base em Vasconcellos, 2011.

É possível observar, no gráfico anterior, que a curva de demanda é uma linha reta. Nesse caso, a curva de receita marginal tem inclinação duas vezes maior do que a da curva de demanda (Vasconcellos, 2011).

### 4.2.3 Fontes de poder do monopólio

Três são os determinantes para uma empresa monopolista estabelecer seu poder:

1. Elasticidade da demanda de mercado: A elasticidade está diretamente ligada ao mercado de atuação e restringe o poder do monopólio.
2. Número de empresas atuantes no mercado: Por ser um monopólio, é quase improvável que uma única empresa consiga influenciar o preço de mercado fortemente.
3. Interação entre as empresas: A quantidade de empresas atuantes nesse âmbito não é capaz de elevar os preços nem gerar lucro no caso de uma concorrência acirrada. Por isso, elas sempre buscam obter um maior espaço de mercado (Vasconcellos, 2011).

### 4.2.4 Custos sociais do poder de monopólio

O maior preço cobrado pelo monopolista aumenta o excedente do produtor, reduzindo a quantidade que deveria ser do consumidor. Assim, a sociedade sente uma perda de bem-estar irreparável devido à distorção na destinação de recursos condicionada pela escolha do monopolista (Vasconcellos, 2011; Pindyck; Rubinfeld, 2013).

### 4.2.5 Modelos de precificação

A empresa monopolista torna-se comercialmente influente quando determina o preço que maximiza seu lucro, transferindo para a demanda a tarefa de definir a quantidade consumida (Vasconcellos, 2011; Pindyck; Rubinfeld, 2013).

Na sequência, explanamos três estratégias simples de precificação, que podem ser utilizadas pelo monopolista de forma individual ou em conjunto:

1. **Discriminação de preços:** Na possibilidade de divisão do mercado em duas parcelas, de acordo com a elasticidade-preço da demanda, deve-se cobrar mais dos consumidores cuja demanda é menos elástica; e menos daqueles cuja demanda é mais elástica. Essa situação ocorre quando o valor cobrado é diferente, mesmo que não haja mudanças relevantes nos custos de produção (por exemplo, tarifas áreas).
2. **Tarifa em duas partes:** Cobra-se um valor de entrada reduzido, o que garante grande fluxo de consumidores, e, logo após, um valor de utilização, que a princípio deve ser elevado. A cobrança pode ser feita ao contrário, com um valor de utilização baixo, próximo ao do custo marginal. A resposta mais acertada depende da diversidade da demanda (por exemplo, parques de diversões e comunicação).
3. **Venda em pacotes:** Venda de produtos ou serviços conjuntamente que alcançam o desejo máximo dos consumidores no que concerne a gastos (por exemplo, almoço executivo, pacotes de férias etc.). Uma alternativa é a aquisição de produtos separadamente (por exemplo, veículos com elementos adicionais) (Vasconcellos, 2011; Pindyck; Rubinfeld, 2013).

## 4.3 OLIGOPÓLIO

Diferentemente do monopólio, os mercados oligopolistas podem ou não ter produtos distintos. Nesse mercado, a peculiaridade é que apenas algumas firmas são responsáveis por produzir a maior parte ou toda a produção (Vasconcellos, 2011).

A característica marcante desse mercado é a presença de um pequeno número de empresas que dominam a oferta. Isso pode acontecer, por exemplo, por razões tecnológicas, visto que apenas empresas de grande porte podem entregar determinados produtos ou serviços: fábricas de automóveis, empresas de extração de minério e instituições bancárias (Vasconcellos, 2011).

Por outro ângulo, é complexo administrar uma empresa oligopolista, uma vez que as decisões alusivas a preço, nível de produção, investimentos e outros fatores implicam importantes reflexões estratégicas. Saliente-se que suas ações impactam as demais empresas concorrentes e suas prováveis reações (Vasconcellos, 2011).

Em um mercado de oligopólio que tende à comunicação, a existência de cartéis é bastante provável.

Nos oligopólios, a concorrência entre as empresas é contínua. Acontece por meio de *marketing*, de atendimento, de pós-venda, de qualidade etc., mas não por meio de preços. Na ocorrência de oligopólio, as empresas têm a possibilidade de determinar preços, e, muitas vezes, apesar de altos, os clientes consomem os produtos ofertados por não terem a possibilidade de escolher outros.

Em resumo, em um oligopólio, há poucas empresas de grande porte e muitos compradores; os produtos comercializados podem ser homogêneos ou diferentes; e o acesso de novas empresas a esse mercado é difícil (Vasconcellos, 2011; Pindyck; Rubinfeld, 2013).

**Perguntas & respostas**

1. Há vasta possibilidade de escolha em relação à banda larga no Brasil? Por quê?

Conforme Brasil (2021c), três empresas concentram 70% dos acessos à internet por banda larga fixa no Brasil, o que demonstra que está à frente de um oligopólio, com grandes possibilidades de formação de um cartel, tópico abordado a seguir.

## 4.4 Cartéis

A característica do cartel é a ordenação formal ou informal de alguns produtores capazes de determinar a política de preços para todas as demais empresas, com o objetivo de manter os lucros acima dos preços fixados em uma concorrência livre. O acordo recai também sobre quantidade a ser produzida.

Entre as dificuldades enfrentadas pelos cartéis está a garantia de que seus componentes não mudem de ideia e passem a alterar seus preços e a porção fabricada, buscando alcançar uma maior fatia de mercado. Em geral, as empresas podem ter diferentes custos e capacidades produtivas. Por outro lado, se forem grandes os lucros derivados da cartelização, tal risco é amenizado com a permanência dos membros no grupo.

A atuação de cartéis é proibida em grande parte dos países. Na América do Norte, com vistas à proibição de que empresas constituam coalizões, existe uma lei antitruste específica. No Brasil, isso também acontece. A história aponta a formação de cartel na Organização dos Países Exportadores de Petróleo (Opep), criada, em 1960, com a missão de estabelecer, em todo o mundo, preços de petróleo acima dos níveis competitivos (Vasconcellos, 2011; Pindyck; Rubinfeld, 2013).

## 4.5 Modelo de *mark-up*

O objetivo da empresa é, como temos aqui reiterado, a maximização de lucros (RMg = CMg). Por isso, as organizações têm de, obrigatoriamente, conhecer com a máxima precisão suas receitas (logo, a demanda por seu produto) e seus custos (Vasconcellos, 2011).

O modelo baseado na hipótese de maximização do *mark-up* prediz que as grandes empresas precificam seu produto considerando seus próprios custos, sem buscar o conhecimento do comportamento da demanda. O *mark-up* equivale à diferença entre a receita de vendas e os custos diretos de produção.

O cálculo do preço é dado por esta fórmula:

$p = C(1 + m)$

Em que:
p = Preço do produto;
C = Custo unitário direto ou variável;
m = Taxa (%) de *mark-up*.

A taxa de *mark-up* deve, pelo menos, quitar os custos fixos e garantir a margem de rentabilidade desejada pela firma (Vasconcellos, 2011).

Quadro 4.1 – Principais características das estruturas básicas de mercado de bens e serviços

| Características | Concorrência perfeita | Monopólio | Oligopólio | Concorrência monopolista |
|---|---|---|---|---|
| Número de empresas | Muito grande | Unitário | Pequeno | Grande |
| Produto | Homogêneo | Sem substitutos próximos | Homogêneo ou diferenciado | Diferenciado |
| Controle das empresas sobre os preços | Impossibilidade de manobras | Manutenção de preços relativamente elevados | Tendência à formação de cartéis (embora seja algo dificultado pela interdependência das empresas) | Pouca margem de manobra (devido à existência de substitutos próximos) |
| Concorrência extrapreço | Impossível e ineficaz | Apoiada por campanhas institucionais | Intensa, sobretudo quando há diferenciação do produto | Intensa |
| Condições de ingresso no mercado | Sem barreiras | Barreiras impostas a novas empresas | Barreiras impostas a novas empresas | Sem barreiras |

Fonte: Elaborado com base em Vasconcellos, 2011; Pindyck; Rubinfeld, 2013.

## 4.6 Concorrência ou competição monopolística

Um mercado de concorrência monopolística é correlato ao perfeitamente competitivo, tendo dois aspectos fundamentais: (1) a existência de várias firmas e (2) ausência de restrição à entrada de novas empresas. Contudo, difere da concorrência perfeita porque os produtos ofertados apresentam especificidades no atinente à qualidade, à apresentação e ao prestígio. Além disso, cada firma é a única responsável por sua própria marca. O sucesso das empresas está em conseguir diferenciar seu produto dos das outras empresas, obtendo, dessa forma, um grau de poder de monopólio (Pindyck; Rubinfeld, 2013). Os produtos são diferentes entre si em muitos setores. Por vários motivos, os compradores veem a marca de cada empresa como algo distinto, como algo que a particulariza no conjunto de outras marcas. Como exemplos, podemos citar os setores industriais monopolisticamente competitivos: creme para cabelo, sabão líquido, serviços de coleta de sangue, serviços de oftalmologia etc. (Vasconcellos, 2011; Pindyck; Rubinfeld, 2013).

## 4.6.1 Características da competição monopolística

Duas são as principais características de um mercado monopolisticamente competitivo:

1. A competição entre as empresas está em vender produtos que não sejam substitutos perfeitos uns dos outros. Simplificando: as elasticidades de preço da demanda cruzada são muitas, mas têm fim.
2. Ocorre o livre acesso (entrada e saída) de empresas ao mercado. Caso os produtos percam lucratividade, elas podem migrar desse espaço.

Para clarificarmos por que a condição da livre entrada é fundamental, comparemos os mercados de sabonete, restaurantes ou automóveis. O sabonete é monopolisticamente competitivo, mas o restaurante caracteriza-se adequadamente pelo oligopólio. É muito compreensível que empresas lancem novas marcas de sabonetes, o que limita a lucratividade da produção de determinada marca de produtos de beleza mais valiosas do mundo, por exemplo. Se os lucros fossem grandiosos, outras empresas investiriam o valor necessário (em desenvolvimento de pesquisas, em divulgação e em propaganda) no lançamento de marcas próprias e teriam como resultado um encolhimento das fatias de mercado e da lucratividade de tal empresa (Pindyck; Rubinfeld, 2013).

O mercado de veículos também é caracterizado por diferenciação de produtos. Entretanto, a entrada de outras empresas no mercado é mais complexa devido às economias de escala envolvidas na produção desse item. Por isso, por um longo tempo, empresas norte-americanas detiveram quase todo o mercado até a chegada dos veículos japoneses, por volta dos anos 1970 (Vasconcellos, 2011; Pindyck; Rubinfeld, 2013).

Esse modelo de concorrência mostra-se mais realista do que o de concorrência perfeita, visto que supõe produtos completamente homogêneos, idênticos, sem diferenciação. As particularidades que os itens podem apresentar são:

- **Características físicas** (por exemplo, a potência do secador de cabelos).
- **Embalagem** (como a caixa para guardar os óculos de marcas famosas).
- **Manutenção** (como maior prazo de garantia da fábrica para seus veículos).
- **Atendimento no pós-venda**.

A curva de demanda desses produtos mostra-se negativamente inclinada, porém é bastante elástica e sensível, dado que há artigos substitutos próximos (Vasconcellos, 2011).

Por não existirem obstáculos para a entrada de firmas, a longo prazo, verifica-se uma tendência apenas para lucros normais (RT = CT), da mesma forma que a concorrência perfeita. Isso porque os lucros grandiosos em curto prazo despertam o interesse de novas firmas por esse mercado, o que eleva a oferta do item até o alcance de lucros normais, quando, então, deixam de surgir concorrentes (Vasconcellos, 2011).

## 4.7 ESTRUTURA DO MERCADO DE FATORES DE PRODUÇÃO

Na sequência, analisamos sinteticamente as estruturas no mercado de fatores de produção.

### 4.7.1 Concorrência perfeita no mercado de fatores

O mercado de fatores apresenta abundância do elemento mão de obra, tornando constante o preço desse elemento. Os ofertantes ou fornecedores, por se apresentarem em grande número, não têm a possibilidade de receber valores mais elevados por seus serviços. Como características desse tipo de mercado, podemos citar a oferta abundante (ofertantes e fornecedores em grande número) e o preço constante.

### 4.7.2 Monopsônio

Monopsônio é uma forma de mercado na qual há somente um comprador para muitos vendedores de serviços dos insumos. É o caso da empresa que se instala em uma cidade do interior e, por ser a única, torna-se demandante exclusiva da mão de obra local e das cidades próximas.

### 4.7.3 Oligopsônio

Oligopsônio é um mercado no qual existem poucos compradores, que dominam esse mercado, ao passo que há muitos vendedores. Exemplo disso é a indústria de cigarros, visto que poucas fábricas compram fumo. Podemos citar, também, a indústria automobilística, que, além de oligopolista no mercado de bens e de serviços, é oligopsonista na compra de autopeças. Como características desse tipo de mercado, podemos apontar as seguintes: poucos compradores; um único mercado; muitos vendedores.

### 4.7.4 Monopólio bilateral

O monopólio (vendedor) bilateral ocorre quando um monopsonista (comprador) e um monopolista se confrontam, tendo a mesma possibilidade de influenciar os preços de venda e de compra.

Quando isso acontece, a definição dos preços de mercado decorre não só de recursos econômicos, mas também da negociação entre as partes envolvidas: o comprador sempre tenta pagar o preço mais baixo, beneficiando-se do fato de ser o único a comprar o produto; e o monopolista sempre tenta vender seu produto por um preço maior, beneficiando-se do fato de ser o único fornecedor.

## 4.8 TEORIA DOS JOGOS

A metodologia da teoria dos jogos é relevante porque estuda as complexas decisões dos indivíduos, das firmas e do sistema de governo, as quais impactam e são impactadas pelos demais atores ou jogadores. Pode ser utilizada pela ciência política como estratégia militar e para outros fins (Vasconcellos, 2011; Pindyck; Rubinfeld, 2013).

Pode-se fazer uma analogia, portanto, com as demais competições. Nesse sentido, devem existir: (1) regras; (2) jogadores ou atores econômicos; (3) uma quantidade de ações disponíveis para cada jogador; (4) dados relevantes para os resultados dos jogos; e (5) os próprios resultados.

Exemplificando, uma empresa deseja lançar um produto no mercado, contexto em que os jogadores são a empresa e os concorrentes. Como resposta, a empresa obteve o conhecimento ou não, por parte dos concorrentes, do lançamento do novo produto. Sendo assim, essas resoluções têm, como consequências, as possibilidades de lucro e de vantagem competitiva com a apresentação do novo produto (Vasconcellos, 2011; Pindyck; Rubinfeld, 2013).

A teoria dos jogos pode ser utilizada por nações que, por exemplo, decidiram alterar as alíquotas de importações, dificultando a entrada de produtos estrangeiros. No entanto, devem ter a consciência de que as outras nações podem tomar a mesma decisão com relação às próprias alíquotas de importação, limitando, por sua vez, a entrada de seus produtos.

No caso de firmas concorrentes, estas empregam a teoria dos jogos na apresentação de produtos novos e de produtos parecidos. Logo, muitos e variados planejamentos podem recorrer a tal metodologia visando antecipar as possíveis reações de seus concorrentes e a disputa entre nações (Vasconcellos, 2011; Pindyck; Rubinfeld, 2013).

### 4.8.1 Dilema dos prisioneiros

O dilema dos prisioneiros exemplifica os conceitos mais importantes da teoria dos jogos. Acerca disso, Pindyck e Rubinfeld (2013, p. 467) esclarecem:

> Considere dois prisioneiros que cometeram determinados crimes juntos. Para obter a confissão (sem violência, como todo bom policial), o policial separa os dois prisioneiros, tomando-os incomunicáveis, propondo as seguintes alternativas para cada um: se um dos prisioneiros confessar e o outro não, o que confessou ganha liberdade e o outro pega 10 anos de prisão. Se ambos confessarem, ganham três anos de prisão cada um. Se ambos não confessarem, cada um ganha apenas um ano de prisão. Esses resultados podem ser representados com base na seguinte matriz, também conhecida como "Matriz de resultados".

Montemos a estratégia como se fosse um jogo, para possibilitar melhor entendimento:

|  |  | Prisioneiro B | |
|---|---|---|---|
|  |  | Confessa | Não confessa |
| Prisioneiro A | Confessa | (−3, −3) | (0, −10) |
|  | Não confessa | (−10, 0) | (−1, −1) |

No esquema, os números entre parênteses representam os anos de detenção das alternativas dadas pelo policial. O primeiro número se refere ao prisioneiro A, e o segundo, ao prisioneiro B. Os números negativos ilustram as penalidades.

Assim sendo, confessar é uma estratégia dominante, uma vez que é a melhor alternativa, independentemente da decisão do outro prisioneiro. Como resultado disso, ambos os prisioneiros confessam seus crimes, como consequência de um equilíbrio das estratégias dominantes. É evidente que confessar não é a melhor escolha para os jogadores. Entretanto, chega-se a esse resultado porque cada um assumiu a estratégia ótima diante da estratégia possivelmente adotada pelo outro jogador. Esse resultado, que é conhecido como *equilíbrio de Nash*, é simultâneo, evidenciando um equilíbrio de estratégias dominantes. Todavia, nem sempre há essa coincidência de tipos de equilíbrio no resultado final do jogo.

### Indicação cultural

O equilíbrio de Nash é uma revolução de conceitos da economia e possibilita a construção de uma melhor estratégia diante dos concorrentes das várias estruturas de mercados, independentemente da área em que a firma venha a atuar. Por isso, é importante conhecer como John Nash conseguiu chegar, por meio de cálculos matemáticos, a esse entendimento. Confira o filme que narra a trajetória desse estudioso:

UMA MENTE brilhante. Direção: Ron Howard. EUA: Universal Pictures/Dreamworks, 2001. 135 min.

## 4.9 Subsetores dos serviços na economia

De acordo com o Ministério da Economia, seguindo a classificação da Organização Mundial do Comercio (OMC) e da Organização das Nações Unidas (ONU), há 12 categorias de setores (elencadas a seguir) e 155 subsetores no setor de serviços brasileiro (Brasil, 2021a)

- Categoria 1: Serviços profissionais
  - Serviços de informática e conexos
  - Serviços de pesquisas e desenvolvimento
  - Serviços imobiliários
  - Serviços de arrendamento ou aluguel sem operador
  - Outros serviços de empresas
- Categoria 2: Serviços de comunicação
  - Serviços postais
  - Serviços de correio
  - Serviços de telecomunicações
  - Serviços audiovisuais
- Categoria 3: Serviços de construção e serviços relacionados à engenharia
- Categoria 4: Serviços de distribuição
- Categoria 5: Serviços educacionais
- Categoria 6: Serviços de meio ambiente
- Categoria 7: Serviços financeiros
  - Seguros e serviços relacionados com seguros
  - Serviços bancários e outros serviços financeiros
- Categoria 8: Serviços de saúde e sociais (exceto os médicos, dentários e veterinários
- Categoria 9: Serviços de turismo e relacionado
- Categoria 10: Serviços de diversão, culturais e esportivo
- Categoria 11: Serviços de transportes
  - Serviços de transporte marítimo
  - Transporte por vias de navegação interiores
  - Serviços de transporte aéreo
  - Transporte pelo espaço
  - Serviços de transporte ferroviário
  - Serviços de transporte rodoviário
  - Serviços de transporte de dutos
  - Serviços auxiliares aos meios de transporte
- Categoria 12: Outros serviços não incluídos anteriormente

## 4.9.1 Tratamento dos setores de serviços na literatura específica

Embora o setor de serviços tenha uma crescente importância na economia brasileira, em termos de emprego e de participação no Produto Interno Bruto (PIB), ainda permanece escassa a literatura que contemple seu impacto sobre a produtividade e sobre o crescimento de longo prazo da economia brasileira.

Para os autores que se dedicam ao tema da economia, o setor de serviços é, costumeiramente, relacionado à evolução da produtividade, sendo interpretado de forma negativa. Todavia, após a Revolução Industrial, tornou-se componente fundamental das economias (Silva, 2006).

Embora os serviços representem mais de dois terços do número de empregos e do valor agregado, análises econômicas e políticas continuam a se concentrar na indústria de produção. Os serviços são, é claro, extremamente heterogêneos; são difíceis de definir, de diferenciar e de categorizar. Apesar dessas dificuldades, o setor terciário está, finalmente, atraindo para si uma boa parte da geração de renda e de emprego (Silva, 2006).

A crescente importância do setor de serviços levanta uma série de questões significativas: trata-se de uma mudança estrutural que passa da agricultura para a indústria e, então, para os serviços, sendo um fenômeno natural inevitável. Quais subsetores são particularmente importantes e quais são as consequências da terciarização para o emprego, para a produtividade e para a economia como um todo são questionamentos que ainda não têm respostas definitivas (Silva, 2006).

## 4.9.2 Mudança setorial: desenvolvimentos

O processo de desenvolvimento econômico está conectado à sistemática mudança estrutural na maioria dos países. Com a redução da renda *per capita* no setor primário, este perdeu sua relevância, ao passo que a indústria de transformação ganhou impulso e foi, então, superada pelo setor de serviços, que está em constante evolução (Cruz et al., 2008).

Inicialmente, os serviços estavam associados à baixa significância de capital e de mão de obra, sendo vistos com ceticismo, como um freio ao progresso da produtividade nas economias desenvolvidas. O crescimento da participação dos serviços na mão de obra empregada e no consumo constitui um antagonismo: a baixa produtividade aumentaria sua importância na economia, bem como o PIB.

A expansão das atividades de serviços, o crescimento da divisão técnica de trabalho, a acumulação de capital, a ampliação de mercados, o avanço da tecnologia de informação e as renovações no contexto institucional demonstram que houve uma transformação nesse setor (Freire, 2006).

Nessa perspectiva, atividades de serviços foram, gradualmente, incorporadas ao processo produtivo como insumos de produção, com um aumento da influência entre os setores (Souza; Bastos, Perobelli, 2011). O setor de serviços mudou da posição de provedor para as de consumidor final e de fornecedor intermediário das indústrias, compelindo à mudança do ponto tradicional (Silva, 2006).

Oulton (2001) atesta que a expansão dos serviços destinados ao consumo intermediário dos setores da indústria permitiria índices de crescimento com produtividade positiva. O autor acrescenta que economias de escala nas atividades industriais seriam possíveis, desde que o aperfeiçoamento dos serviços prestados e a divisão do trabalho estivessem presentes.

A demanda por serviços suscitaria crescimento e posterior elevação de renda, ao passo que o avanço tecnológico, na indústria, conteria uma quantidade de trabalho manual desqualificado, fazendo migrar os trabalhadores para funções de trabalho de maior produtividade no setor de serviços. Por sua vez, nos países em desenvolvimento, o aumento da população e do êxodo rural suplantariam a demanda industrial por uma ocupação, de forma a gerar um pseudocrescimento do setor de serviços, com mão de obra com baixa produtividade (Oulton, 2001).

No contexto concernente ao Brasil, Cruz et al. (2008) defendem que a passagem para uma economia de serviços não caracterizou um processo de crescimento da produtividade industrial, com a consequente migração da mão de obra para o setor de serviços, ou seja, essa passagem foi marcada por um movimento desfavorável ao crescimento econômico.

Jacinto e Ribeiro (2015) apresentam resultados pertinentes da produtividade dos serviços. Essas informações datam de 1996 a 2009 e referem-se a serviços em geral (excluindo o comércio e a administração pública). Os dados indicam elevados níveis de produtividade, ultrapassando a da indústria em alguns anos. Mostram, igualmente, que não houve indícios de movimentos positivos da realocação do fator trabalho para setores com crescente produtividade nas indústrias e nos serviços. Essas inferências contrapõem-se à visão arcaica de baixas probabilidades de inovação oriundas da associação entre os setores de serviços e industrial.

Kubota (2006) destaca o crescimento dos serviços de transmissão e de desenvolvimento de tecnologias, que necessitam de conhecimentos intensivos, corroborando que segmentos de serviços com capacidade de inovação podem contribuir, de maneira positiva, para o processo de inovação de outros setores do país.

Os índices de empresas que utilizam novas tecnologias entre as empresas de serviços são grandes, com distinção para o setor de informática (36%). O cenário também é auspicioso quando é avaliada a inovação para o mercado: 30% das firmas do setor de informática, 22% das firmas de planejamento e de desenvolvimento e 15% das firmas de telecomunicações participaram do crescimento tecnológico do país.

Em complemento, Cruz et al. (2008) apontam que a pouca escolaridade dos trabalhadores do setor de serviços é impedimento para o estímulo da produtividade e para o crescimento de longo prazo.

### 4.9.3 Setor de serviços: principais subsetores

De acordo com as Contas Nacionais do Instituto Brasileiro de Geografia e Estatística (IBGE), os setores de comércio e de serviços, assim como o de construção civil –primordiais para a economia, com base na Nomenclatura Brasileira de Serviços (NBS) –, representaram, somados, 72,9% do PIB em 2009. Isso demonstra a possível migração da mão de obra do setor primário e de manufatura para o setor de serviços (Brasil, 2013).

Entre 2000 e 2009, os índices de crescimento desses setores foram maiores do que o do PIB brasileiro. Os números desse setor evidenciam o *status* que serviços como o comércio e a construção civil alcançaram nas últimas décadas (Brasil, 2013).

O setor de serviços apresenta um grupamento de segmentos bastante diverso, e a construção civil tem um perfil mais homogêneo e atributos marcantes em razão do tamanho do país. O comércio exibe características também diversas quando se consideram as questões regionais e as especializações. Como parte do planejamento de expansão, os setores caminham para a modernização graças ao emprego de tecnologias avançadas e de automatização, o que inclui, algumas vezes, ajustes em seus processos produtivos (Brasil, 2013).

### 4.9.3.1 Os subsetores comércio e construção civil

O comércio, os serviços e a construção civil respondem por 88% do número de empresas existentes, empregando 71,5% do pessoal totalmente ocupado da economia. Confira os números na tabela a seguir.

Tabela 4.1 – Empresas e pessoas ocupadas por setor (2011)

| Setores | Números de empresas | Pessoal ocupado |
|---|---|---|
| Comércio | 47,0% | 26,7% |
| Serviços | 35,9% | 37,0% |
| Construção civil | 5,0% | 7,8% |
| Demais | 12,0% | 28,5% |
| Total | 100% | 100% |

Fonte: Brasil, 2013, p. 15.

Os dados mostram que predominam as empresas do setor de comércio (47%), seguidas pelas de serviços (35,9%) e de construção civil (5%). Por outro lado, quando se analisa o pessoal ocupado, o serviço ultrapassa o comércio (37%). Os demais setores alcançam 28,5%; em seguida, vem o comércio (26,7%) e, em último lugar, o setor da construção civil (7,7%) (Brasil, 2013).

Observe o gráfico adiante.

Gráfico 4.6 – Pessoal ocupado nos setores de serviços empresariais não financeiros, no comércio e na construção civil em % (2009)

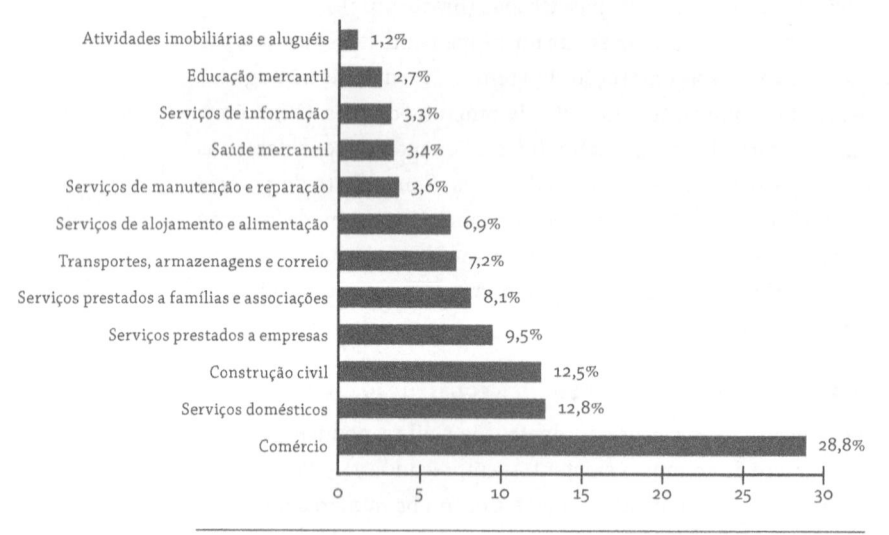

| Setor | % |
|---|---|
| Atividades imobiliárias e aluguéis | 1,2% |
| Educação mercantil | 2,7% |
| Serviços de informação | 3,3% |
| Saúde mercantil | 3,4% |
| Serviços de manutenção e reparação | 3,6% |
| Serviços de alojamento e alimentação | 6,9% |
| Transportes, armazenagens e correio | 7,2% |
| Serviços prestados a famílias e associações | 8,1% |
| Serviços prestados a empresas | 9,5% |
| Construção civil | 12,5% |
| Serviços domésticos | 12,8% |
| Comércio | 28,8% |

Fonte: Elaborado com base em Brasil, 2013.

Esse gráfico apresenta o pessoal ocupado nos setores de serviços, nos diversos segmentos, no ano de 2009, quando o setor de comércio apresentava 28,8% de pessoal ocupado. O setor de serviços domésticos atingiu 12,8%, mas não houve análise específica desse setor. A construção civil ficou com 12,5% de participação, enquanto, em 2011, esse número decaiu para 7,8%: uma queda de 4,7%. Ademais, os setores de serviços prestados às empresas e às famílias representaram, respectivamente, 9,5% e 8,1%. É importante ressaltar que os três primeiros setores são responsáveis por 70,5% do pessoal ocupado, tendo, em comum, a característica mão de obra de uso intensivo. Em contrapartida, os segmentos mais fortes em conhecimento englobam 6% do pessoal ocupado (Brasil, 2013).

Tabela 4.2 – Brasil: participação percentual das atividades econômicas no total de ocupações (3º trimestre de 2018)

| Atividade | % |
|---|---|
| Agricultura, pecuária, produção, floresta, pesca e aquicultura | 9,5 |
| Indústria geral | 12,8 |
| Construção | 7,3 |
| Comércio, reparação de veículos automotores e motocicletas | 18,9 |
| Serviços | 51,5 |
| Total | 100 |

Fonte: Elaborado com base em IBGE, 2018.

A participação percentual das atividades econômicas no total de ocupação do setor de serviços, no terceiro trimestre, foi de 51,5%. O comércio e os serviços, juntos, são responsáveis por 70,4% do total das ocupações no Brasil. O setor de indústria em geral teve 12,8% de participação, enquanto o de agricultura, pecuária, produção, floresta, pesca e aquicultura ficou com 9,5%. A construção civil figura em último lugar, com 7,3%.

O setor de serviços abrange: a administração pública, a defesa, a seguridade social, a educação, a saúde humana e os serviços sociais; a informação, a comunicação e as atividades financeiras, imobiliárias, profissionais e administrativas; os serviços domésticos; o alojamento e a alimentação; o transporte, a armazenagem e os correios; e outros serviços.

Com os números apresentados, podemos inferir que, de 2009 ao terceiro trimestre de 2018, o setor de construção civil vem, ano a ano, reduzindo o fator de produção mão de obra (−5,2%). Isso sugere uma migração desse fator para outros setores, como o de comércio, o qual também teve uma redução de 2,10% do número de mão de obra, quando comparados os dados de 2009 e de 2011. Se considerarmos a variação entre 2011 e 2018, o percentual de queda é ainda mais expressivo: −7,8%.

## Para saber mais

Os dados do setor de serviços são publicados, mensalmente, pelo governo no *site* do IBGE, categorizados por subsetores e estados. Para examiná-los, confira:

IBGE – Instituto Brasileiro de Geografia e Estatística. **Pesquisa Mensal de Serviços – PMS**. Disponível em: <https://www.ibge.gov.br/estatisticas/economicas/servicos/9229-pesquisa-mensal-de-servicos.html?=Et&t=o-que-e>. Acesso em: 1º abr. 2021.

## Estudo de caso

Em momentos de crise ou de transição no mercado de trabalho, um dos primeiros pensamentos é: Por que não aproveitá-los para investir em criatividade e empreendedorismo em se tendo conhecimento técnico e coragem para tal? Talvez se espere por incentivo familiar ou uma análise dos possíveis concorrentes. Nesse cenário, uma proposta pertinente é verificar em qual mercado atuar segundo duas opções de negócio, que explanaremos por meio de um caso, exposto a seguir.

João da Silva é o clássico trabalhador brasileiro, tem 35 anos e há 15 atua na indústria automobilística do estado de São Paulo, tendo passado por várias áreas da empresa, indo de auxiliar de fábrica a supervisor do setor de soldas. Nesse ínterim, esforçou-se bastante, concluiu o ensino médio e, posteriormente, ingressou numa faculdade. Em razão de sua competência e dedicação, conseguiu permanecer empregado em todas as crises econômicas que enfrentou.

No início do ano de 2020, comemorava que logo receberia sua participação nos resultados da empresa. Em agosto, contudo, João, como grande parte dos trabalhadores do país, foi demitido e ficou sem rumo, tentando recolocar-se no mercado, mas sem sucesso. Decidiu, então, que era seu momento de empreender, visto que dispunha do valor referente a 15 anos de depósitos do Fundo de

Garantia por Tempo de Serviço (FGTS), sua bonificação e algumas economias, que vinha guardando para casos de necessidade.

Tinha, então, o capital, porém permaneciam nele algumas dúvidas: No que ele era bom? O que gostava de fazer? Depois de um tempo, concluiu que adorava tanto apreciar uma boa cerveja (cervejaria) quanto plantar hortaliças (barraca de frutas). Ficou nesse dilema, tendo em vista que não possuía muito capital para ambos os negócios e ainda necessitava adquirir conhecimentos sobre máquinas, mão de obra, capital de giro, entre outros.

Considerando as estruturas de mercado, o custo do investimento e as habilidades que cada negócio demanda, qual deles é o mais adequado para João? Descreva as características de todas as estruturas de mercado e, com base nelas, justifique sua opção pela cervejaria ou pela barraca de verduras.

Para responder a tais questões, indicamos consultar os seguintes materiais:

ECO – 06 – Estruturas de mercado. 24 mar. 2019. (6 min). Disponível em: <https://www.youtube.com/watch?v=Snov115FfGA&ab_channel=ProfessorQuintino>. Acesso em: 5 abr. 2021.

TOLEDO, J. C. de. Qualidade, estrutura de mercado e mudança tecnológica. **Revista de Administração de Empresas**, São Paulo, v. 30, n. 3, p. 33-45, jul./set. 1990. Disponível em: <https://www.scielo.br/pdf/rae/v30n3/v30n3a04.pdf>. Acesso em: 5 abr. 2021.

Para resolver esse caso, inicialmente é preciso compreender o funcionamento dos mercados no que tange a fatores de produção, quantidade de participantes, capacidades e possibilidade de atuar em concorrências distintas. Com isso, pode-se averiguar a dificuldade de inserção de firmas considerando-se a quantidade de empresas produtoras existentes e sua influência nos preços em função da singularidade de seus produtos.

No que concerne às estruturas, há três mercados igualmente relevantes, cujas características são:

1. **Mercado de concorrência perfeita:**
   - **Atomicidade** (número ilimitado de vendedores e compradores): Uma só firma não pode determinar os preços do mercado.
   - **Homogeneidade:** Os produtos (inclusive suas embalagens e sua qualidade) não têm particularidades que os destaquem.
   - **Mobilidade de firmas:** A entrada e saída de concorrentes é possível e não sofre intervenção de compradores e vendedores.
   - **Racionalidade:** As firmas sempre potencializam os lucros, e os consumidores, a satisfação ou as utilidades do item adquirido;
   - **Transparência:** Dados relevantes (custos, lucros e receitas) são de conhecimento coletivo (mesmo de concorrentes).
   - **Mobilidade de bens:** Não há custos com transporte porque os produtos podem circular livremente entre regiões.
   - **Fatores de produção fixos:** Os custos das empresas são os mesmos.
   - **Inexistência de externalidades:** Empresas e consumidores não alteram custos e consumo.
2. **Mercado monopolista:**
   - **Predominância:** Uma só empresa é responsável por ofertar certos produtos e serviços, não havendo itens substitutos ou similares, o que obstaculiza o ingresso de novas firmas concorrentes no mercado (por não conseguirem oferecer tais bens a um preço igual ou parecido com o da empresa monopolista) e determina os preços.
   - **Grande escala de produção:** Condição que exige altos investimentos.
   - **Áreas amplas:** Característica que possibilita produzir com baixos custos e assumir toda a produção para o mercado.

3. Mercado oligopolista:
   * Pequeno número de empresas.
   * Tendência à comunicação (*marketing*, pós-venda, qualidade etc.): O intuito é persuadir o cliente por meio da interação, e não dos preços, já que estes não influenciam os compradores, porque não têm a possibilidade de escolher outros produtos, sendo obrigados, apesar do alto valor, a adquirir os ofertados pelos oligopólios.

Sabendo disso, algumas condutas tornam-se possíveis:

* Identificar, na localidade, o número de estabelecimentos iguais ou similares à microcervejaria e à barraca de hortifrúti, o que permite verificar o tamanho da concorrência e a estrutura de mercado mais adequada ao caso. Para tanto, é possível consultar dados do Serviço Brasileiro de Apoio às Micro e Pequenas Empresas (Sebrae) na página indicada a seguir

   SEBRAE – Serviço Brasileiro de Apoio às Micro e Pequenas Empresas. **Estudo do Sebrae reúne oportunidades para microcervejarias.** 11 dez. 2019. Disponível em: <https://www.sebrae.com.br/sites/PortalSebrae/ufs/sc/artigos/estudo-do-sebrae-reune-oportunidades-para-microcervejarias,99266da4cde69510VgnVCM1000004c00210aRCRD?origem=estadual&codUf=25>. Acesso em: 5 abr. 2021.

* Buscar uma empresa de *marketing* para desenvolver a comunicação do negócio por meio de *sites*, visto que, em tempos de rotinas extenuantes, é fundamental possibilitar que os produtos sejam comprados pela internet e enviados às casas dos clientes.
* Verificar a possibilidade de, por meio de mecanismos de busca *on-line*, contatar os concorrentes e visitá-los para levantar custos de máquinas, insumos, mão de obra etc.

✧ Identificar os possíveis fornecedores da matéria-prima e em que distância se encontram. No caso de uma banca de hortifrúti, a Ceasa mais próxima.

## Síntese

Neste capítulo, apontamos que:

- ✧ No mercado de concorrência perfeita, as firmas não têm produtos diferenciados, e suas tomadas de decisão não causam grandes impactos.
- ✧ Em um mercado monopolisticamente competitivo, há empresas com produtos diferenciados, com bens substitutos, além de certa facilidade para novos entrantes.
- ✧ Em um mercado oligopolista, poucas empresas são responsáveis pela maior parte ou pela totalidade da produção. Há algumas barreiras a novos entrantes, e as decisões das empresas impactam as demais do mesmo mercado.
- ✧ O oligopólio favorece o aparecimento de cartéis, os quais podem fixar preços elevados. Os consumidores, nesse contexto, ficam impossibilitados de deixar de comprar os produtos oferecidos por essas empresas.
- ✧ O *mark-up* é utilizado por empresas para averiguar seu lucro, que é calculado de maneira simples, considerando-se apenas os custos.
- ✧ A teoria dos jogos permite antecipar resultados de decisões estratégicas que as empresas venham a tomar, com a possibilidade de analisar as opções dos concorrentes.
- ✧ O equilíbrio de Nash foi um salto de análise matemática para a tomada de decisão das empresas.
- ✧ O dilema dos prisioneiros possibilita estabilidade de preços nos mercados oligopolistas. As empresas resistem em modificar os preços, pois têm receio de, com isso, iniciar uma disputa de preços.

❖ Muitas empresas compõem o mercado de serviços, conforme o alinhamento da OMS.

❖ O setor de serviços vem se sobressaindo em relação às demais áreas de produção no crescimento do PIB brasileiro.

## Questões para revisão

1. A empresa A, que atua no mercado europeu de comunicação, competirá no mercado brasileiro sanada a pandemia da Covid-19, oferecendo minutos e pacotes fechados, inclusive com ligações de longa distância. De acordo com essa contextualização, qual precificação é a mais recomendada para tal empresa? Assinale a alternativa que responde corretamente a tal questionamento:
   a) Discriminação de preços com tarifa dividida em duas partes: (1) cobrança por acesso mensal e (2) por ligações recebidas.
   b) Discriminação de preços com tarifa dividida em duas partes: (1) taxa de acesso mensal, com eventual bonificação de alguns minutos grátis, e (2) por minuto adicional.
   c) Venda de pacotes para uso futuro em ligações para o exterior.
   d) Discriminação de preços com uso do cálculo de *mark-up*, considerando-se apenas os custos da empresa.

2. Conforme discutido no capítulo, qual é a principal diferença entre as empresas estruturadas em concorrência perfeita e as monopolistas? Assinale a alternativa que responde corretamente a tal questionamento:
   a) O monopolista não pode cobrar um preço que lhe proporcione máximo lucro, diferentemente do concorrente perfeito.
   b) O concorrente perfeito pode vender a quantidade que desejar por determinado preço, ao passo que o monopolista tem de reduzi-lo sempre que visar aumentar suas vendas.

c) No caso do monopolista, a elasticidade da procura tem valor maior do que a do concorrente perfeito.
d) O monopolista procura maximizar lucros, e o concorrente perfeito, igualar o preço ao custo médio.

3. Suponha que você foi contratado como consultor por dois sócios que pretendem abrir um restaurante. Ambos têm dúvidas sobre como esse tipo de negócio é classificado. Assinale a alternativa que apresenta a resposta que você daria a seus clientes:
   a) Mercado de competição monopolística.
   b) Mercado de oligopólios.
   c) Mercado de concorrência perfeita.
   d) Mercado de monopólio.

Number 413/Shutterstock

# Indicadores macroeconômicos

## Conteúdos do capítulo

- Produto Interno Bruto (PIB) e sua composição.
- Inflação e suas consequências.
- Indicadores da indústria e dos serviços.
- Limites estruturais para o setor de serviços.

## Após o estudo deste capítulo, você será capaz de:

- identificar os componentes do PIB;
- definir inflação, seus diferentes processos de formação e suas consequências;
- relacionar os indicadores do serviço e os principais limites estruturais do setor.

O setor de serviços, em virtude da heterogeneidade do tamanho das firmas, das áreas de atuação e de faturamento, necessita de uma análise mais detalhada do que os setores primário e de manufatura.

Assim como acontece nos países desenvolvidos, a participação do setor de serviços tem crescido continuamente na construção do Produto Interno Bruto (PIB) brasileiro. Isso tem sido impulsionado pela mudança de comportamento do consumidor e pelo incremento de novas tecnologias ao produto entregue ao comprador final. Tal cenário permite prever que o século XXI será decisivo para a consolidação do espaço conquistado até aqui, desde que a inovação seja seu principal objetivo.

Na discussão deste capítulo, alguns aspectos receberão destaque. Além da importância do setor de serviços no Brasil, abordaremos sobre esse setor: a migração da mão de obra da manufatura para os serviços; a demanda; e a oferta. Também explicitaremos como esse setor pode auxiliar ou não na redução do desemprego e qual é sua participação na necessidade de mão de obra qualificada e na construção dos diversos níveis salariais, uma vez que tem a heterogeneidade como característica.

## 5.1 Produto Interno Bruto (PIB)

Uma das formas de analisar se um país está em crescimento ou não é recorrer aos indicadores macroeconômicos, sendo o PIB um dos mais confiáveis.

O macroindicador PIB é utilizado pelas nações para verificar se a economia de seu país vem se expandindo, visto que afere o que foi produzido e finalizado quanto a bens e a serviços; e seus valores específicos na moeda do país. Tudo o que for produzido nos limites territoriais de um país, independentemente da nacionalidade do produtor, pode ser medido em períodos determinados (Vasconcellos, 2011).

Analisando a composição do nome PIB, o termo *interno* significa que esse indicador se restringe à contabilização da produção efetivada por unidades dentro do país (tenham as firmas origem nacional ou não). O vocábulo *bruto*, por sua vez, demonstra que não existem, nessa contabilização, depreciações, deduções e amortizações em relação aos ativos fixos (Vasconcellos, 2011).

O PIB pode, então, ser assim conceituado:

> Refere-se ao valor agregado de todos os bens e serviços finais produzidos dentro do território econômico do país, independentemente da nacionalidade dos proprietários das unidades produtoras desses bens e serviços. Exclui as transações intermediárias, isto é, ele é medido a preços de mercado. (Nogami; Passos, 2013, p. 135)

### Fique atento!

- Bens finais não incluem bens intermediários, como farinha, parafusos e pneus.
- O PIB contempla os bens produzidos em qualquer local do território nacional, mas não aqueles feitos em países estrangeiros por empresas nacionais.
- O PIB toma apenas bens novos como referência.

Para calcular o que foi produzido de bens e de serviços em um país, utiliza-se a fórmula a seguir:

$Y = C + I + G + (X - M)$

Em que:

Y = PIB;
C = Consumo das famílias;
I = Investimentos realizados (privados);
G = Gastos do governo;
X = Volume de exportações;
M = Volume de importações.

Nessas condições:

- $(X - M) > 0$: Tem-se um caso de *superavit* das exportações sobre as importações – ou seja, evidencia-se que houve mais exportação do que importação, entrando mais moeda estrangeira no país do que saindo. Então, a equação fica positiva.

- $(X - M) < 0$: Tem-se um caso de *deficit* de exportações, o que indica que houve mais importações do que exportações, tendo uma saída de capital nacional para países estrangeiros maior do que a entrada de moeda estrangeira no país. Sendo assim, a equação fica negativa (Vasconcellos, 2011).

Alguns fatores que interferem no PIB são:

- **Determinantes do consumo das famílias (C):**
  - Renda atual
  - Expectativa de renda futura
  - Taxas de juros ao consumidor
  - Crédito ao consumido
- **Determinantes do investimento privado (I):**
  - Expectativas de retorno futuro
  - Custo presente do capital
  - Oportunidades reai

- Determinantes dos gastos do governo (G):
  - Arrecadação tributária
  - Outras renda
- Determinantes do investimento do governo:
  - Arrecadação tributária
  - Regulação da atividade econômica
- Determinantes das contas externas (X – M):
  - Nível de atividade interna do país
  - Nível de atividade internacional ou demanda mundial
  - Taxa de câmbio

**Para saber mais**

Você sabia que o total de serviços prestados de 2008 a 2017 às famílias teve uma queda de 4,5%? Isso também aconteceu com o serviço de informação e de comunicação (queda de 2,1%); e com o de transportes, serviços auxiliares aos transportes de correio (queda de 4,3%). Houve acréscimo apenas em outras atividades de serviços (aumento de 2%). Confira essas e outras informações em:

IBGE – Instituto Nacional de Geografia e Estatística. **Pesquisa Anual de Serviços.** 2017. Disponível em: <https://biblioteca.ibge.gov.br/visualizacao/periodicos/150/pas_2017_v19_informativo.pdf>. Acesso em: 1º abr. 2021.

Examine o gráfico adiante:

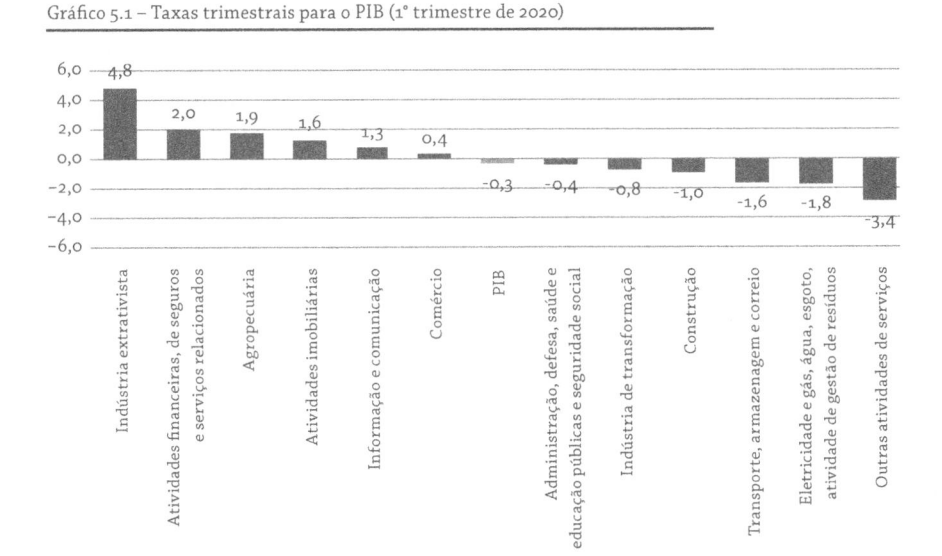

Gráfico 5.1 – Taxas trimestrais para o PIB (1º trimestre de 2020)

|  |  |
|---|---|
| Indústria extrativista | 4,8 |
| Atividades financeiras, de seguros e serviços relacionados | 2,0 |
| Agropecuária | 1,9 |
| Atividades imobiliárias | 1,6 |
| Informação e comunicação | 1,3 |
| Comércio | 0,4 |
| PIB | -0,3 |
| Administração, defesa, saúde e educação públicas e seguridade social | -0,4 |
| Indústria de transformação | -0,8 |
| Construção | -1,0 |
| Transporte, armazenagem e correio | -1,6 |
| Eletricidade e gás, água, esgoto, atividade de gestão de resíduos | -1,8 |
| Outras atividades de serviços | -3,4 |

Fonte: IBGE, 2020a, p. 11.

As indústrias extrativistas, como demonstra o gráfico, tiveram um crescimento de 4,8%.

No primeiro trimestre de 2020, o PIB ficou negativo em 0,3%, tendo o comércio acompanhado esse índice. Esse resultado pode ser explicado pela pandemia de Covid-19 e pelo distanciamento social, que impactaram a demanda negativamente e tiveram efeitos sobre a oferta.

A indústria de transformação apresentou variação negativa de 0,8%, uma retração ainda maior do que a do comércio. Isso, provavelmente, sinaliza a existência de um estoque de produtos. Quanto às atividades de eletricidade, gás, água, esgoto e gestão de resíduos, observa-se uma retração de 1,8%. A maior queda registrada foi de 3,4% no setor de outras atividades e serviços.

## 5.2 Conceitos básicos: produto, renda e despesa agregados

Os conceitos de produto, renda e despesa agregados são fundamentais para o entendimento das medidas de desempenho econômico e dos modelos macroeconômicos.

### Produto agregado

Trata-se da somatória da totalidade de bens e de serviços finais produzidos na economia durante um intervalo de tempo, e tem as seguintes obrigatoriedades:

- ser em unidades monetárias;
- ocorrer em dado período (normalmente, no prazo de 12 meses);
- considerar bens e serviços finais (prontos para consumo).

Com isso, tem-se a seguinte fórmula:

$$\text{Produto} = \sum_{i=1}^{n} = P_i Q_i$$

Em que:
$P_i$ = Preço médio do produto i;
$Q_i$ = Bem ou serviço i;
i = Bens e serviços finais (i = 1,2, ... n);
$P_i Q_i$ = Valor da produção do setor i.

### Valor adicionado

Indica que, em pelo menos uma etapa do produto final, foram adicionados bens intermediários. Para calcular esse valor, é preciso, primeiramente, saber quais e quantos produtos intermediários foram acrescidos ao produto final, assim como quais são os valores desses itens. Veja exemplos disso na tabela a seguir.

Tabela 5.1 – Formação do valor do produto agregado ($)

| Produto | Valor do produto ($) | Insumos intermediários ($) | Valor adicionado ($) |
|---|---|---|---|
| Trigo | 10 | 0 | 10 |
| Farinha | 15 | 10 | 5 |
| Bolo | 20 | 15 | 5 |
| TOTAL | | | 20 |

Fonte: Elaborado com base em Vasconcellos, 2011.

A tabela apresenta o valor do produto agregado dessa economia, que é de 20 unidades monetárias (10 de trigo, 5 de farinha e 5 de bolo). Isso corresponde ao valor total da produção final (bolo) dessa economia, o qual pode ser encontrado somando-se os valores adicionados a cada etapa do processo produtivo (Vasconcellos, 2011).

Renda agregada

Retrata o pagamento dos fatores de produção na economia. São os proventos (pagamento do fator trabalho); os juros (pagamento do capital monetário); os lucros (pagamento do risco assumido pelo empresário); e os aluguéis (pagamento do proprietário do capital físico).

Tem-se, então, o seguinte cálculo:

Renda agregada = salários + juros + aluguéis + lucros

Veja a tabela adiante.

Tabela 5.2 – Síntese dos principais resultados para o PIB referentes aos cinco últimos trimestres, segundo as óticas da produção e da despesa (2019-2020)

| Trimestre/trimestre imediatamente anterior (com ajuste sazonal) (%) | | 2019.I | 2019.II | 2019.III | 2019.IV | 2020.I |
|---|---|---|---|---|---|---|
| PIB a preços de mercado | | 0,2 | 0,5 | 0,5 | 0,4 | −1,5 |
| Ótica da produção | Valor adicionado bruto da agropecuária | −1,0 | 0,8 | 1,2 | −0,4 | 0,6 |
| | Valor adicionado bruto da indústria | 0,0 | 0,6 | 0,8 | 0,0 | −1,4 |
| | Valor adicionado bruto dos serviços | 0,4 | 0,2 | 0,3 | 0,7 | −1,6 |

(continua)

*(Tabela 5.2 – conclusão)*

| Trimestre/trimestre imediatamente anterior (com ajuste sazonal) (%) | | 2019.I | 2019.II | 2019.III | 2019.IV | 2020.I |
|---|---|---|---|---|---|---|
| Ótica da demanda | Despesa de consumo das famílias | 0,7 | 0,4 | 0,5 | 0,4 | -2,0 |
| | Despesa de consumo do governo | 0,6 | -0,3 | -0,4 | 0,4 | 0,2 |
| | Formação bruta de capital fixo | -1,6 | 2,5 | 1,7 | -2,7 | 3,1 |
| | Exportação de bens e serviços | -3,7 | -2,3 | -2,4 | 2,3 | -0,9 |
| | Importação de bens e serviços (–) | -0,5 | 1,5 | 2,5 | -3,3 | 2,8 |

Fonte: IBGE, 2020a, p. 9.

Na análise comparativa do ano anterior, o PIB decaiu 0,3% no primeiro trimestre de 2020. O valor adicionado a preços básicos teve perda de 0,2%. Entre as atividades que contribuem para a geração do valor adicionado, a agropecuária apresentou um crescimento de 1,9% em relação ao mesmo período do ano anterior. Esse resultado pode ser explicado, principalmente, pelo desempenho de alguns produtos da lavoura com safra relevante no primeiro trimestre e pela produtividade visível na estimativa de variação da quantidade produzida em relação à área plantada. No primeiro trimestre de 2020, as exportações de bens e de serviços, no setor externo, tiveram queda de 2,2%, ao passo que as importações de bens e de serviços cresceram 5,1%.

## 5.3 Inflação

Como conceito, inflação é um aumento persistente e geral no nível de preços. Para que esse fenômeno ocorra, deve haver um aumento de preços constante e abrangente em produtos e em serviços.

As origens da inflação costumam diferenciar-se em razão das condições de cada país:

- **Modelo da estrutura de mercado:** Composto de monopólio, oligopólio e outros.
- **Nível de abertura da economia ao comércio externo:** Progressivamente proporcional à abertura da economia, liberando a disputa externa. Também eleva a disputa interna entre fabricantes e enseja uma maior probabilidade de redução dos preços dos produtos (Vasconcellos, 2011).

## Perguntas & respostas

1. Qual é o posicionamento do Brasil nas ordenações do fator ambiente macroeconômico e dos subfatores e das variáveis associados à taxa de inflação? No conjunto dos 18 países selecionados, o Brasil está no terço de países com posição mais favorável (de 1 a 6); no terço intermediário (de 7 a 12); ou no terço inferior (de 13 a 18)?
No que concerne à taxa de inflação, o país está em 10º lugar; no que respeita à formação bruta de capital fixo, em 17º; no que atina ao investimento estrangeiro direto no país, em 3º lugar; no que se refere à taxa de câmbio efetiva real, em 8º; quanto à dívida bruta do governo, em 16º; e, por último, com relação à despesa com juros incidentes sobre a dívida do governo (%PIB), em 18º.

### 5.3.1 Efeito sobre a distribuição de renda

A redução do poder aquisitivo dos trabalhadores que dependem de rendimentos fixos (de salário) é a mais grave alteração provocada pela inflação, dado que depende de prazos legais de reajuste. Os orçamentos dos que recebem salário têm seu poder aquisitivo reduzido até que haja novo reajuste. Os mais impactados e, por isso, mais prejudicados são os trabalhadores de baixa renda, que, muitas vezes, têm uma renda restrita apenas aos aspectos básicos de sobrevivência. É impossível que tenham alguma renda para aplicações financeiras, pois tudo o que ganham gastam para sobreviver. Por essa razão, a inflação recai, principalmente, sobre os mais pobres.

Aqueles que recebem aluguéis sofrem perdas de rendimento reais. No entanto, ao longo do processo inflacionário, essa perda é reparada pela valorização de seus imóveis, que, normalmente, caminha à frente dos percentuais de inflação.

Aqueles que possuem empresas, se puderem repassar os acréscimos de custos motivados pela inflação, asseguram a manutenção de seus lucros. O governo faz o mesmo por meio da correção do preço de impostos e de taxas públicas.

Como é possível observar, nos casos em que a taxa de inflação é alta em determinado país, mais desigual é a distribuição de renda (Vasconcellos, 2011).

### Perguntas & respostas

2. Um dos grandes problemas com relação ao trabalhador de baixa renda e que vive de aluguel é o reajuste, que, por norma, é anual. Você sabe por qual dos índices de acompanhamento de inflação é reajustado o valor do aluguel?

O Índice Geral de Preços – Mercado (IGP-M) é usado no reajuste dos contratos de aluguel. Criado e calculado mensalmente pela Fundação Getulio Vargas (FGV) desde 1940, o IGP-M é, normalmente, empregado para calcular o reajuste de contratos de aluguel, mas tem, também, outras funções.

### Para saber mais

O índice representa uma cesta criada para acompanhar a evolução dos preços de bens e de serviços. Para saber mais sobre isso, leia:

IGP-M sobe 4,57% na 2ª prévia de setembro. FGV, 18 set. 2020. Disponível em: <https://portalibre.fgv.br/noticias/igp-m-sobe-457-na-2a-previa-de-setembro>. Acesso em: 5 abr. 2021.

### 5.3.2 Efeito sobre os investimentos empresariais

Em razão da expectativa sobre o futuro, a inflação provoca indecisão de investir no setor privado. A instabilidade e a imprevisibilidade da obtenção de lucros são as principais causas dessa incerteza. O investidor costuma aguardar o problema ser solucionado e, dificilmente, toma a iniciativa de aumentar seus investimentos na expansão da empresa e/ou da produção. Como consequência, o nível de emprego é afetado negativamente (Vasconcellos, 2011).5.3.3 Tipos de inflação

Existem dois tipos de inflação: a de demanda e a de custos.

∴ **Inflação de demanda:** Diz respeito ao excesso de demanda de todos os bens e serviços produzidos e é causada pelo crescimento da renda.

Inflação de demanda aumenta quanto mais a economia estiver próxima do pleno emprego de recursos. Afinal, se houver desemprego em larga escala na economia, é de se esperar que um aumento de demanda agregada deve corresponder a um aumento na produção de bens e serviços, pela maior utilização de recursos antes desempregados, sem que necessariamente ocorra aumento generalizado de preços. (Vasconcellos, 2011, p. 341)

∴ **Inflação de custos:** Corresponde a uma inflação especificamente de oferta. O nível de procura permanece o mesmo, mas os custos de alguns insumos importantes aumentam e são repassados aos preços dos produtos.

## Para saber mais

No Brasil, há diversos índices que medem a inflação. Entre eles, o mais utilizado é o Índice de Preços ao Consumidor Amplo (IPCA), cujo objetivo é medir a inflação de um conjunto de produtos e de serviços comercializados no varejo e consumidos por famílias cuja renda varia entre 1 e 40 salários mínimos nas regiões metropolitanas de Rio de Janeiro, Distrito Federal, Belém, Fortaleza, Recife, Salvador, Belo Horizonte, Vitória, São Paulo, Curitiba, Porto Alegre, Goiânia, Campo Grande, Rio Branco, São Luís e Aracaju. O IPCA é medido mensalmente pelo Instituto Brasileiro de Geografia e Estatística (IBGE) e foi criado com o objetivo de indicar a variação dos preços no comércio para o público final. O IPCA é considerado o índice oficial de inflação do país e informa a variação de preço dos produtos que a população consome. Para conhecer mais sobre ele, consulte:

IBGE – Instituto Brasileiro de Geografia e Estatística. Índice Nacional de Preços ao Consumidor Amplo – IPCA. Disponível em: <https://www.ibge.gov.br/estatisticas/economicas/precos-e-custos/9256-indice-nacional-de-precos-ao-consumidor-amplo.html?t=destaques>. Acesso em: 5 abr. 2021.

## 5.3.4 Relação entre inflação e taxa de juros

Na economia, atuam, conjuntamente, duas taxas de juros: (1) a taxa de juros nominal e (2) a taxa de juros reais. A primeira apresenta o rendimento pré-determinado e não considera a inflação. É estabelecida em relação aos ganhos sobre qualquer tipo de ativo financeiro ou monetário aplicado em determinado período (Mankiw, 2010). Já a segunda é o ganho relativo ao ativo aplicado.

A relação entre essas duas grandezas (a taxa de juros nominal e a de juros reais) incide no valor da inflação no período. A taxa de juros reais é a diferença entre a taxa de juros nominal e a taxa de inflação ($\pi$).

$\Gamma = (\iota - \pi)$

Em que:
$\Gamma$ = Taxa de juros real;
$\iota$ = Taxa de juros nominal;
$\pi$ = Taxa de inflação.

Quando a inflação não é real, os agentes econômicos podem estimar seu valor com base na expectativa de valor da inflação esperada (Mankiw, 2010). Simplificando: a "taxa de juros com que o banco remunera é conhecida como taxa de juros nominal, enquanto o aumento do seu poder de compra é conhecido como taxa de juros real" (Mankiw, 2010, p. 178).

## 5.3.5 Relação entre inflação e desemprego

É possível compreender a relação entre a inflação e o desemprego por meio da curva de Phillips (Gráfico 5.2), que mostra uma interação inversa entre esses fenômenos. Há que se considerar que o nível de produto está atrelado, diretamente, ao nível de emprego; ou, inversamente, ao de desemprego. Isso quer dizer que mais empregos implica mais inflação.

Gráfico 5.2 – Curva de Philips

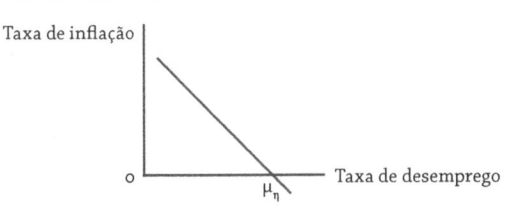

Taxa de inflação

$\mu_\eta$ — Taxa de desemprego

Fonte: Vasconcellos, 2011, p. 347.

## 5.4 Evolução do crédito e sua aplicabilidade no Brasil

No Brasil, na década de 1990, ocorreu uma forte queda no crédito, principalmente no crédito rural, que foi retomado gradualmente em 2004. Em 2007, houve uma expressiva expansão de crédito nos bancos privados, mas apenas em 2013 o crédito foi retomado de maneira mais ampla para pessoas jurídicas.

Após a implantação do Plano Real, diferentes setores foram contemplados com programas de reestruturação: o Programa de Estímulo à Recuperação e ao Fortalecimento do Sistema Financeiro Nacional (Proer); o Programa de Incentivo à Redução do Setor Público Estadual na Atividade Bancária (Proes); e o Programa de Fortalecimento das Instituições Financeiras Federais (Proef). Bancos como o Nacional, o Bamerindus e o Econômico puderam ser saneados e colocados à venda, entre 1995 e 1997, por meio do Proes. A federalização das dívidas e a privatização da maioria dos bancos estaduais durante o Programa de Reestruturação Fiscal e Financeira dos Estados por meio do Proes auxiliou na diminuição do crédito, que caiu de 34% do PIB, em dezembro de 1995, para 26%, em dezembro de 2002. Isso reduziu significativamente a participação dos bancos públicos na oferta de crédito brasileira. Sobre isso, observe o gráfico adiante.

Gráfico 5.3 – Evolução do crédito por controle de capital (1995-2010)

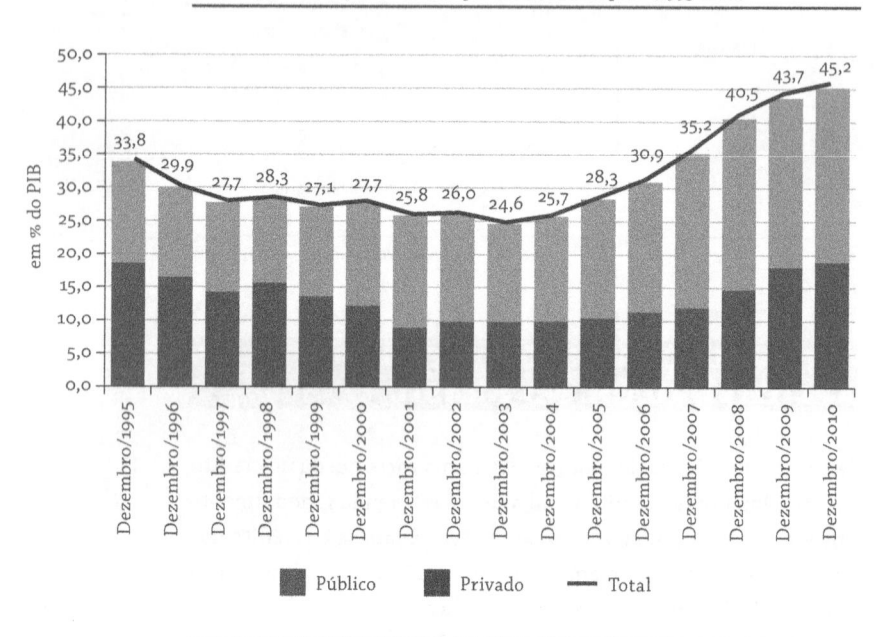

| Data | Total (% do PIB) |
|---|---|
| Dezembro/1995 | 33,8 |
| Dezembro/1996 | 29,9 |
| Dezembro/1997 | 27,7 |
| Dezembro/1998 | 28,3 |
| Dezembro/1999 | 27,1 |
| Dezembro/2000 | 27,7 |
| Dezembro/2001 | 25,8 |
| Dezembro/2002 | 26,0 |
| Dezembro/2003 | 24,6 |
| Dezembro/2004 | 25,7 |
| Dezembro/2005 | 28,3 |
| Dezembro/2006 | 30,9 |
| Dezembro/2007 | 35,2 |
| Dezembro/2008 | 40,5 |
| Dezembro/2009 | 43,7 |
| Dezembro/2010 | 45,2 |

em % do PIB

■ Público    ■ Privado    — Total

Fonte: Elaborado com base em Banco Central do Brasil – séries temporais, citado por Mora, 2015, p. 9.

## 5.4.1 Evolução do crédito livre direcionado por pessoa física e por pessoa jurídica

Analise a tabela a seguir.

Tabela 5.3 – Evolução do crédito livre direcionado por pessoa física e por pessoa jurídica no Brasil (dez. 2002/dez. 2010) (em % do PIB)

| | Recursos livres | | | Recursos direcionados | | | Total | | |
|---|---|---|---|---|---|---|---|---|---|
| | Pessoas físicas | Pessoas jurídicas | Total | Pessoas físicas | Pessoas jurídicas | Total | Pessoas físicas | Pessoas jurídicas | Crédito total |
| Dez./2002 | 6,12 | 10,13 | 16,25 | 3,21 | 6,55 | 9,76 | 9,33 | 16,68 | 26,01 |
| Dez./2003 | 5,94 | 9,10 | 15,04 | 3,43 | 6,14 | 9,57 | 9,37 | 15,24 | 24,61 |
| Dez./2004 | 7,14 | 9,24 | 16,37 | 3,37 | 5,94 | 9,31 | 10,51 | 15,18 | 25,69 |
| Dez./2005 | 8,88 | 9,92 | 18,80 | 3,41 | 6,06 | 9,47 | 12,29 | 15,98 | 28,27 |
| Dez./2006 | 10,04 | 10,99 | 21,03 | 3,75 | 6,14 | 9,89 | 13,79 | 17,12 | 30,91 |
| Dez./2007 | 11,93 | 12,90 | 24,83 | 4,05 | 6,29 | 10,34 | 15,98 | 19,18 | 35,16 |
| Dez./2008 | 13,00 | 15,73 | 28,73 | 4,55 | 7,19 | 11,74 | 17,56 | 22,92 | 40,48 |
| Dez./2009 | 14,50 | 14,96 | 29,47 | 5,13 | 9,07 | 14,19 | 19,63 | 24,03 | 43,66 |
| Dez./2010 | 14,85 | 14,75 | 29,60 | 5,79 | 9,86 | 15,64 | 20,64 | 24,61 | 45,25 |

Fonte: Banco Central do Brasil, citado por Mora, 2015, p. 10.

A evolução do crédito livre direcionado por pessoa física e por pessoa jurídica, no Brasil, evidencia para onde é orientado o crédito. Isso possibilita verificar se os investidores e os empresários estão dispostos a investir em produção e/ou na infraestrutura de empreendimentos; ou se existe crédito no mercado, o que pode ser aplicado em produtos e serviços.

A expansão do crédito ocorreu, principalmente, por meio de recursos livres e foi utilizada tanto pelas pessoas físicas quanto pelas jurídicas. Entre dezembro de 2003 e dezembro de 2010, o crédito passou de 24,6% para 45,2% do PIB: acréscimo de 21% do PIB no período, distribuído em diferentes segmentos. Segundo a natureza da fonte, no referido período, os recursos livres aumentaram de

15% para 30% do PIB, enquanto os direcionados subiram de 9,6% para 16% do PIB. O crédito à pessoa física cresceu de 9,1% para 21% do PIB, considerando o mesmo intervalo temporal. No mesmo período, os financiamentos para as empresas passaram de 15% para 25% do PIB. Cabe salientar que o crédito direcionado vem de fonte preestabelecida de recursos e é destinado, obrigatoriamente, a fim específico, ao passo que o crédito livre é oferecido de modo autônomo pelos bancos.

Com a precipitação do crescimento da economia e com a redução da velocidade de expansão do crédito à pessoa física, intensificou-se a concessão de empréstimos à pessoa jurídica para 23% do PIB em dezembro de 2008.

### 5.4.2 Evolução do crédito por controle de capital (1995-2010) (em %PIB)

Veja a tabela a seguir.

Tabela 5.4 – Evolução do crédito por controle de capital (1995-2010) (em % PIB)

|  | Público | Privado | Total |
|---|---|---|---|
| Dez./1995 | 18,6 | 15,2 | 33,8 |
| Dez./1996 | 16,5 | 13,4 | 29,9 |
| Dez./1997 | 14,2 | 13,5 | 27,7 |
| Dez./1998 | 15,6 | 12,7 | 28,3 |
| Dez./1999 | 13,6 | 13,5 | 27,1 |
| Dez./2000 | 12,2 | 15,5 | 27,7 |
| Dez./2001 | 8,9 | 16,9 | 25,8 |
| Dez./2002 | 9,8 | 16,3 | 26,0 |
| Dez./2003 | 9,8 | 14,8 | 24,6 |
| Dez./2004 | 9,9 | 15,8 | 25,7 |
| Dez./2005 | 10,4 | 17,9 | 28,3 |
| Dez./2006 | 11,3 | 19,6 | 30,9 |
| Dez./2007 | 12,0 | 23,2 | 35,2 |
| Dez./2008 | 14,7 | 25,8 | 40,5 |
| Dez./2009 | 18,1 | 25,5 | 43,7 |
| Dez./2010 | 18,9 | 26,3 | 45,2 |

Fonte: Banco Central do Brasil, citado por Mora, 2015, p. 11.

Como é possível observar, até 1999, o maior tomador de crédito era o setor público. A partir desse ano, a situação se inverteu, e a oferta de crédito para o setor privado teve um crescimento de 10,8% no período entre 2000 e 2010. Apesar de o setor público manter o aporte de recursos via crédito nesse mesmo período, o percentual ficou em 6,7%. E o percentual total de crédito, no período de 1995 a 2010, foi de 11,4%.

### 5.4.3 Operações de crédito do sistema financeiro (2001-2011)

Analise os dados expostos na tabela adiante.

Tabela 5.5 – Operações de crédito do sistema financeiro (2001-2011)

| Período | Distribuição percentual | | | | % do PIB | | | |
|---|---|---|---|---|---|---|---|---|
| | Público | Privado nacional | Privado estrangeiro | Total | Público | Privado nacional | Privado estrangeiro | Total |
| 2001 | 35 | 39 | 27 | 100 | 8,9 | 10 | 6,9 | 25,8 |
| 2002 | 37 | 37 | 25 | 100 | 9,8 | 9,7 | 6,5 | 26,0 |
| 2003 | 40 | 39 | 21 | 100 | 9,8 | 9,5 | 5,3 | 24,6 |
| 2004 | 39 | 40 | 22 | 100 | 9,9 | 10,2 | 5,6 | 25,7 |
| 2005 | 37 | 41 | 22 | 100 | 10,4 | 11,5 | 6,3 | 28,3 |
| 2006 | 37 | 41 | 22 | 100 | 11,3 | 12,8 | 6,8 | 30,9 |
| 2007 | 34 | 44 | 22 | 100 | 12,0 | 15,4 | 7,8 | 35,2 |
| 2008 | 36 | 43 | 21 | 100 | 14,7 | 17,3 | 8,5 | 40,5 |
| 2009 | 42 | 40 | 18 | 100 | 18,1 | 17,5 | 8,0 | 43,7 |
| 2010 | 42 | 41 | 17 | 100 | 18,9 | 18,4 | 7,9 | 45,2 |
| 2011 | 44 | 39 | 17 | 100 | 21,3 | 19,2 | 8,5 | 49,0 |

Fonte: Banco Central do Brasil, citado por Mora, 2015, p. 12.

Os bancos estrangeiros repatriaram recursos da ordem de 56 bilhões de dólares (Prates; Biancareli, 2009, citados por Mora, 2015). Com isso, houve redução da carteira de crédito e liquidação de aplicações financeiras, principalmente em certificados de depósitos bancários (CDBs), retraindo a participação dos bancos estrangeiros e das instituições de pequeno porte no sistema financeiro privado brasileiro (Mora, 2015).

## 5.5 Oferta, demanda e seu peso no setor de serviços

Uma das grandes dificuldades do setor de serviços é prever, com segurança, qual será a demanda de um serviço, uma vez que este não pode ser estocado. A oferta também é uma incógnita, necessitando, assim, de um trabalho de expectativas ou estimativas. Veja o gráfico a seguir.

Gráfico 5.4 – Componentes de demanda: taxa (%) do trimestre em relação ao mesmo trimestre do ano anterior

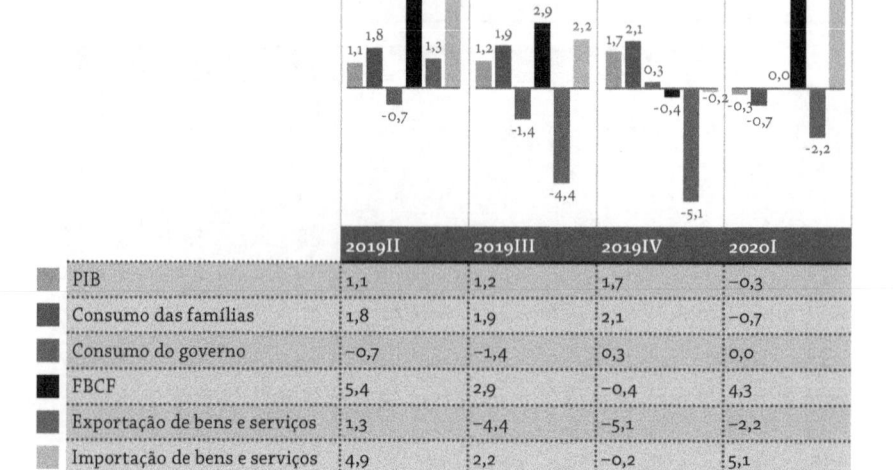

| | 2019II | 2019III | 2019IV | 2020I |
|---|---|---|---|---|
| PIB | 1,1 | 1,2 | 1,7 | -0,3 |
| Consumo das famílias | 1,8 | 1,9 | 2,1 | -0,7 |
| Consumo do governo | -0,7 | -1,4 | 0,3 | 0,0 |
| FBCF | 5,4 | 2,9 | -0,4 | 4,3 |
| Exportação de bens e serviços | 1,3 | -4,4 | -5,1 | -2,2 |
| Importação de bens e serviços | 4,9 | 2,2 | -0,2 | 5,1 |

Fonte: Elaborado com base em IBGE, 2020a.

A Formação Bruta de Capital Fixo (FBCF) cresceu 4,3% no primeiro trimestre de 2020. A despesa de consumo do governo apresentou estabilidade (0,0%) em relação ao primeiro trimestre de 2019. As exportações de bens e de serviços, por sua vez, sofreram uma queda de 2,2%, enquanto as importações de bens e de serviços cresceram 5,1% no primeiro trimestre de 2020.

## 5.5.1 Demanda por serviços

Os serviços públicos praticam a forma pura de nível de capacidade. A forma pura de adequação à demanda pode ser determinada por meio das variações esperadas pelo serviço. A maioria dos serviços, no entanto, consegue trabalhar com uma estratégia híbrida; logo, a demanda por um serviço raramente procede de uma fonte homogênea, já que a demanda, geralmente, é agrupada em ocorrências aleatórias e planejadas.

> **Exemplo prático**
> Foi realizada uma pesquisa de atendimento em uma clínica médica. Concluiu-se que, às segundas-feiras, dirigia-se ao local um número maior de pacientes sem consulta marcada. Sabe-se que a demanda sem consulta marcada não pode ser controlada, embora a demanda de pacientes que marcam consulta o possa. Com essas informações, é possível realizar um planejamento de demanda por consultas espalhadas nos demais dias da semana (Fitzsimmons; Fitzsimmons, 2011).

## 5.5.2 Flutuação na demanda

Com o conhecimento da previsão de demanda, tornam-se mais fáceis o planejamento e o gerenciamento da rentabilidade pelos gestores, os quais devem alcançar um aumento na utilização em períodos de pouca procura. Assim, seus rendimentos nos períodos de baixa demanda também aumentam, acompanhando a oferta de taxas econômicas e potencializando o rendimento total de um serviço limitado. A gestão da rentabilidade é realizada, simultaneamente, pela abertura e/ou pelo fechamento de reservas (Fitzsimmons; Fitzsimmons, 2011).

## 5.5.3 Custo marginal

O custo de vender uma unidade adicional de serviço deve ser baixo, como o custo irrisório de servir água para um passageiro de uma companhia aérea. Por outro lado, o custo marginal para o aumento de capacidade é elevado por requerer grande investimento em instalações, como acontece se a mesma companhia aérea vende um lugar a mais em uma aeronave com todos os assentos ocupados. Então, nas vendas, têm-se baixos custos marginais e altos custos marginais de modificação na capacidade (Fitzsimmons; Fitzsimmons, 2011).

## 5.5.4 Oferta de serviços

A oferta, no setor de serviços, em comparação aos demais, desempenha relevante papel, visto que a capacidade de serviço é definida em unidades produzidas e em unidades de tempo. Para os provedores de serviços, a proporção configura-se em função do número de funcionários e da quantidade de tarefas a executar, ao contrário da produção, que deve ser sempre menor do que a capacidade total.

A capacidade de serviço é definida em termos de instalação de apoio se o que está sendo estudado é um hotel, por exemplo (Fitzsimmons; Fitzsimmons, 2011). Se a empresa estudada é da área de aviação, a oferta é um grande desafio, o que é comum nas operações de serviços. Em consequência da limitação de vários fatores, podemos apontar os seguintes exemplos para o caso referido: mão de obra disponível com a qualificação necessária (pilotos, comissários de bordo, pessoal de manutenção etc.); equipamento (quantidade e modelos de aeronaves); e o número de portões de embarque disponíveis no momento. Para diversos serviços, a demanda não pode ser construída de maneira tão eficiente quanto a de uma indústria (Fitzsimmons; Fitzsimmons, 2011).

## 5.6 COMPARAÇÃO ENTRE INDICADORES: INDÚSTRIA E SERVIÇOS

Abordaremos, nesta seção, os principais indicadores dos setores da indústria e de serviços: emprego (pessoas ocupadas e desocupadas), salários (remuneração ou retirada) e participação no PIB.

### 5.6.1 Participação do emprego

O índice participação do emprego é de extrema relevância, já que impacta o bem-estar das famílias e a economia de um país. Na sequência, comparamos dois setores (indústria e serviços), em gráfico, no período de 1995 a 2012.

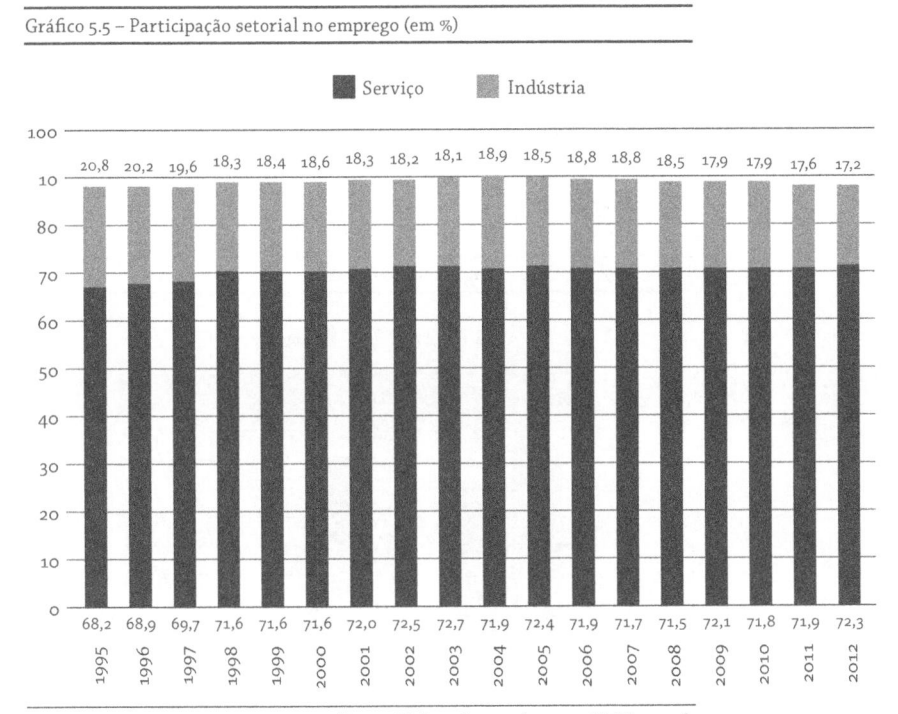

Gráfico 5.5 – Participação setorial no emprego (em %)

| Ano | Serviço | Indústria |
|---|---|---|
| 1995 | 68,2 | 20,8 |
| 1996 | 68,9 | 20,2 |
| 1997 | 69,7 | 19,6 |
| 1998 | 71,6 | 18,3 |
| 1999 | 71,6 | 18,4 |
| 2000 | 71,6 | 18,6 |
| 2001 | 72,0 | 18,3 |
| 2002 | 72,5 | 18,2 |
| 2003 | 72,7 | 18,1 |
| 2004 | 71,9 | 18,9 |
| 2005 | 72,4 | 18,5 |
| 2006 | 71,9 | 18,8 |
| 2007 | 71,7 | 18,8 |
| 2008 | 71,5 | 18,5 |
| 2009 | 72,1 | 17,9 |
| 2010 | 71,8 | 17,9 |
| 2011 | 71,9 | 17,6 |
| 2012 | 72,3 | 17,2 |

Fonte: Elaborado com base em IBGE, 2020b.

Como podemos observar, o setor de serviços foi o maior empregador dos últimos 17 anos, ampliando as contratações em 4,1%. A indústria, nesse mesmo período, registrou 3,6% menos funcionários empregados. Portanto, o setor de serviços comanda o que acontece no mercado de trabalho brasileiro e isso reflete na economia.

### 5.6.1.1 Participação do emprego formal no emprego total

A informação do Cadastro Geral de Empregados e Desempregados (Caged) é de dez novas vagas do setor formal. Oito tiveram origem no setor de serviços, mostrando uma alta rotatividade, que atinge até quatro vezes mais trabalhadores do que os demais nichos. A alta rotatividade pode ocasionar baixo interesse em incentivos e em investimentos no fator trabalho e nos conhecimentos específicos da empresa, pelo lado tanto do trabalhador quanto do empregador, suscitando, grandemente, a pouca produtividade (IBGE, 2020b).

Em 2012, 30% dos empregos no setor de serviços eram informais. Na indústria, esse número era bem menor, 14%. No entanto, a taxa de crescimento da formalização, entre 2002 e 2012, nesses dois setores, foi quase imperceptível, alcançando a casa dos 13% e dos 14%, como se nota no Gráfico 5.6.

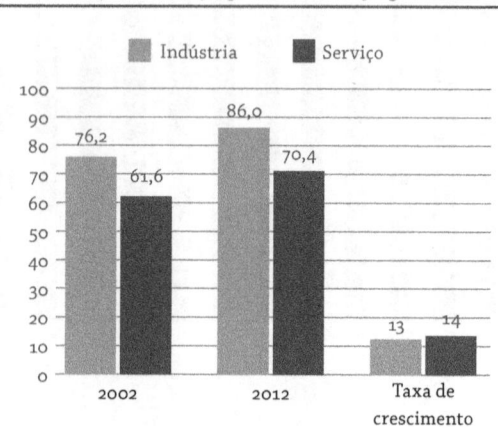

Gráfico 5.6 – Participação do emprego formal no emprego total (%)

| | Indústria | Serviço |
|---|---|---|
| 2002 | 76,2 | 61,6 |
| 2012 | 86,0 | 70,4 |
| Taxa de crescimento | 13 | 14 |

Fonte: Elaborado com base em IBGE, 2020b.

Como é possível observar, a indústria aparece com um maior número de empregos formais, com um aumento de 9,8%, enquanto o comércio registra 8,8%. O trabalho formal é bom para o trabalhador, que tem seus direitos trabalhistas garantidos, como renda mensal, férias, 13º salário, vale-transporte e outros benefícios que as empresas possam garantir. Então, o governo passa a recolher encargos trabalhistas, que auxiliam na manutenção dos trabalhadores aposentados.

As taxas de crescimento da indústria e dos serviços ficaram bem próximas no período de 2002 a 2012: 13% e 14%, respectivamente.

## 5.6.2 Salário nominal setorial

A Tabela 5.6, a seguir, contrasta os salários médios dos setores da indústria, dos serviços – incluído o comércio – e da agricultura entre 2000 e 2012 em números brutos, assim como no período de 2006 a 2012 em percentuais calculados com base na Relação Anual de Informações Sociais (Rais). Esse relatório contém informações socioeconômicas fornecidas pelo Ministério do Trabalho e Emprego brasileiro às pessoas jurídicas e a outros empregadores.

Tabela 5.6 – Salário nominal setorial (R$)

| | | Taxa de crescimento | |
|---|---|---|---|
| | 2000-2012 | 2012-2000 (%) | 2012-2006 (%) |
| Indústria | 1905 | 169 | 65 |
| Serviços com comércio | 1597 | 154 | 66 |
| Agricultura | 1161 | 253 | 91 |

Fonte: Elaborado com base em Squeff, 2012.

Em 2012, os salários dos serviços eram 37,6% maiores do que os da agricultura. No entanto, eram 19,3% menores do que os da indústria. No período de 2000 a 2012, os salários da agricultura aumentaram 253%, número superior ao da indústria, cujo aumento foi de 169%. Entre 2006 e 2012, os salários dos dois setores subiram quase o mesmo percentual, sendo a diferença de apenas 1%. Esse percentual muito próximo pode ser resultado de externalidades da formação de salários de um setor sobre o outro ou, ainda, em parte, de intervenções, como medidas do governo relativas ao salário mínimo do período.

A comparação de salários da Tabela 5.6 pode estar sujeita a diferenças nas características da mão de obra dos setores, sobretudo a maior qualificação da industrial.

### 5.6.3 Fontes setoriais de crescimento do PIB

Os dados das fontes setoriais do crescimento do PIB no período de 2000 a 2012 comprovam a riqueza do país proveniente das áreas observadas (Tabela 5.7). O setor de serviços contribuiu com a maior parte dessa riqueza, 73%. Logo, constituiu-se como a mais importante fonte de geração de empregos. Por sua vez, a indústria contribuiu com 20%, sendo que a de transformação propiciou 9% do total. A agropecuária foi responsável por 6%, a extração mineral por 3% e, quanto ao valor adicional, obteve o menor de todos, apenas 2% de participação em 2000.

Tabela 5.7 – Fontes setoriais de crescimento do PIB (2000-2012) (%)

| | Contribuição para o aumento do PIB (%) | Participação no valor adicionado em 2000 (%) |
|---|---|---|
| Agropecuária | 6 | 5 |
| Indústria | 20 | 30 |
| Transformação | 9 | 19 |
| Extração mineral | 3 | 2 |
| Construção | 5 | 6 |
| Siup | 4 | 3 |
| Serviços | 73 | 65 |
| Comércio | 15 | 12 |
| Transporte, armazenamento, correio, | 5 | 5 |
| Serviços de informação | 5 | 3 |
| Intermediação financeira | 12 | 6 |

*(continua)*

*(Tabela 5.7 – conclusão)*

| | Contribuição para o aumento do PIB (%) | Participação no valor adicionado em 2000 (%) |
|---|---|---|
| Outros serviços | 15 | 14 |
| Serviços imobiliários e aluguéis | 8 | 8 |
| APU, educação e saúde pública | 14 | 17 |

Fonte: Elaborado com base em Bonelli; Bacha 2013, citados por Horta; Giambiagi, 2018.

## 5.7 PRODUTIVIDADE DO TRABALHO: BAIXO DINAMISMO

Esse indicador apresenta a produtividade da mão de obra nos setores da indústria, de outros industriais e de serviços. Na Tabela 5.8, observa-se que a economia brasileira teve baixo crescimento em termos de produtividade do trabalho entre 2000 e 2009, visto que a produtividade da indústria foi de 0,60% negativo; e de 0,06% negativo no setor de outros industriais. O resultado positivo decorreu, sobretudo, do desempenho do setor de serviços, que alcançou o percentual positivo de 0,50%.

Tabela 5.8 – Produtividade do trabalho (macrossetores): 2000-2009 (em mil R$)

| Setor | 2000 | 2001 | 2002 | 2003 | 2004 | 2005 | 2006 | 2007 | 2008 | 2009 | Variação média anual |
|---|---|---|---|---|---|---|---|---|---|---|---|
| Indústria | 18,4 | 18,4 | 18,1 | 18,2 | 18,4 | 17,7 | 18,2 | 18,3 | 18,0 | 17,4 | -0,60% |
| Outros industriais | 16,1 | 15,4 | 14,7 | 15,1 | 15,6 | 15,3 | 15,8 | 15,8 | 15,2 | 15,3 | -0,06% |
| Serviços | 14,8 | 14,7 | 14,5 | 14,4 | 14,5 | 14,7 | 14,5 | 14,9 | 15,4 | 15,5 | 0,50% |

Fonte: Elaborado com base em Squeff, 2012.

Ocorre uma convergência do nível de produtividade do macrossetor menos produtivo (serviços) ao macrossetor mais produtivo (indústria), conforme demonstram os números. No entanto, na última década, o crescimento no setor de serviços foi gradual e contínuo, ao contrário da indústria, cuja produtividade declinou paulatinamente.

## 5.8 COEFICIENTE DE EMPREGO, CRESCIMENTO SETORIAL DO VALOR ADICIONADO E PARTICIPAÇÃO NO EMPREGO

Os coeficientes de emprego referem-se às pessoas ocupadas por unidade de produto (por milhão de reais), à taxa de crescimento do valor adicionado por trabalhador e à participação no emprego em determinado período (na Tabela 5.9, de 2000 a 2009). Observa-se que, dos quatro setores com maior coeficiente de emprego (que é o inverso da produtividade), dois são do setor de serviços: comércio e outros serviços.

Em 2012, seriam necessários 45 trabalhadores para gerar 1 milhão de reais no comércio, número bem acima da média da economia, o que sugere que o setor é bastante intensivo em trabalho. Cabe destacar que, em ambos os casos, a queda de 2000 para 2012 foi muito pequena, sinalizando pouco ganho de produtividade. Note-se, ainda, que existe enorme disparidade entre os coeficientes de emprego nos segmentos de serviços, o que reflete, entre outros aspectos, o diferencial de tecnologia e de produtividade.

Tabela 5.9 – Coeficiente de emprego, crescimento setorial do valor adicionado e participação no emprego

|  | Coeficiente de emprego em 2000 | Coeficiente de emprego em 2012 | Taxa média de crescimento do VA (%) | Participação no emprego (%) média entre 2000-2012 |
|---|---|---|---|---|
| Agropecuária | 155,6 | 95,8 | 3,4 | 17 |
| Indústria de transformação | 22,7 | 25,6 | 1,5 | 13 |
| Construção | 42,9 | 46,0 | 2,8 | 7 |

*(continua)*

*(Tabela 5.9 – conclusão)*

|  | Coeficiente de emprego em 2000 | Coeficiente de emprego em 2012 | Taxa média de crescimento do VA (%) | Participação no emprego (%) média entre 2000-2012 |
|---|---|---|---|---|
| Comércio | 47,5 | 45,0 | 3,7 | 17 |
| Serviços de informação | 19,1 | 18,0 | 4,5 | 2 |
| Outros serviços | 64,8 | 62,7 | 3,2 | 27 |

Fonte: Elaborado com base em Bonelli; Bacha, 2013, citados por Horta; Giambiagi, 2018.

Na tabela, é possível observar que o serviço de informação teve o maior crescimento em valor adicionado: 4,5%. A agropecuária, por seu turno, foi o que mais teve queda no coeficiente de emprego: 59,8%. Os demais setores ficaram, praticamente, com índices de coeficientes sem grandes alterações.

## 5.9 Estrutura do mercado de serviço

As dificuldades enfrentadas pelo setor de serviços brasileiro são variadas, o que impede o crescimento econômico de maneira mais contundente. Podemos apontar alguns gargalos: o sistema tributário, a qualidade da infraestrutura e o capital humano (Vasconcellos, 2011) – questões que enfocaremos na sequência.

### 5.9.1 Estrutura tributária

Data de 1965 o sistema tributário brasileiro, o que demonstra sua defasagem, gerando distorções e ineficiências econômicas (Horta; Giambiagi, 2018).

A questão tributária também intervém na competitividade das empresas, uma vez que provoca insegurança jurídica à medida que disputas litigiosas ocorrem entre fisco e contribuintes. Além disso, elas têm um alto custo para as empresas, e a distribuição do que foi arrecado costuma ser questionável.

Aliados a tudo isso estão os inúmeros tributos existentes sobre bens e serviços. Um fato que marca fortemente essa distorção é a guerra entre os diversos estados brasileiros e suas alíquotas sobre o Imposto sobre Circulação de Mercadorias e Serviços (ICMS), cuja característica é a incidência parcial na origem (produção) desses bens, promovendo insegurança com relação aos benefícios de alíquotas menores e à legalidade desses benefícios (Horta; Giambiagi, 2018).

A tributação de micro e de pequenas empresas é outro preocupante problema do sistema vigente. Os diferentes regimes tributários, que não se relacionam, obstaculizam seu progresso. O regime tributário normatiza a forma como as empresas recolhem seus tributos e as alíquotas aplicadas às atividades exercidas. De acordo com o Sistema Tributário Brasileiro, as alíquotas podem ser as seguintes: Lucro Real, Lucro Presumido, Sistema de Tributação Simplificada (conhecido como *Simples Nacional*) e Tabela MEI (utilizada para atender ao microempreendedor individual) (Horta; Giambiagi, 2018).

O Simples Nacional é uma tributação de que participam todos os entes federados (União, estados, Distrito Federal e municípios). Subdivide-se em alíquotas para o comércio e para a indústria; e em distintas áreas de prestadores de serviços. Em caso de crescimento da empresa, o custo de mudar para outro regime pode estimular seu desmembramento; como consequência, as organizações permanecem pequenas, pois os aumentos de produtividade resultantes de ganhos de escala são desestimulados (Horta; Giambiagi, 2018).

A Organização para a Cooperação e Desenvolvimento Econômico (OCDE) teve início em 1961. A entidade trabalha para construir políticas que promovam crescimento, igualdade, oportunidade e bem-estar para todos. Isso é feito em parceria com governos, formuladores de políticas e cidadãos, focando a construção de padrões internacionais baseados em evidências e na busca de soluções para uma gama de desafios sociais, econômicos e ambientais. Seu foco recai sobre a melhoria do desempenho econômico e da geração de empregos, fomentando uma educação sólida e o combate à evasão fiscal internacional; disponibilizando conhecimento para dados e para análises, trocas de experiências, compartilhamento de melhores práticas e consultoria sobre políticas públicas e definição de padrões internacionais (OCDE, 2018). O Brasil é um de seus participantes.

Entre as recomendações da OCDE para a melhoria do ambiente de negócios de 2015, estão as ações descritas no Quadro 5.1.

Quadro 5.1 – Recomendações da OCDE para a melhoria do ambiente de negócios

| Recomendações | Medidas tomadas desde a realização do Relatório 2015 |
|---|---|
| [...] | [...] |
| Consolidar os impostos estaduais e federais sobre o consumo num único tributo sobre o valor agregado com uma ampla base, reembolsos totais do IVA pago com insumos e aplicação de taxa zero às exportações. | Nenhuma medida foi tomada. |
| Aperfeiçoar a capacidade técnica e o planejamento das concessões de infraestrutura em todos os níveis do governo. Preparar pacotes de licitações mais detalhados antes de abrir o concurso. | Nenhuma medida foi tomada. |
| Expandir a participação em treinamento profissional para aliviar a escassez de trabalhadores com qualificação técnica. | A participação no programa PRONATEC aumentou, com 67% de participação das mulheres; mas, às vezes, a oferta de treinamento não foi bem alinhada com as necessidades do mercado de trabalho. |

Fonte: OCDE, 2018, p. 51.

> **Para saber mais**
>
> As alíquotas de tributos brasileiras são muito específicas no que concerne ao enquadramento das empresas e seu faturamento. Têm, ainda, uma subdivisão em comércio, indústria e serviços. Para o setor de serviços, existem outras três tabelas de enquadramento. Você pode conhecer mais sobre essas alíquotas em:
>
> TORRES, V. **Tabela Simples Nacional Completa 2021**: consulta Cnae simples, anexos e alíquotas. 4 jan. 2021. Disponível em: <https://www.contabilizei.com.br/contabilidade-online/tabela-simples-nacional-completa/>. Acesso em: 5 abr. 2021.

> **Perguntas & respostas**
>
> 3. Qual é o posicionamento do Brasil sobre ordenações relativas ao fator do peso dos tributos, aos subfatores e às variáveis associadas?
>
> Respectivamente, o país está no terço de países com posição mais favorável (posições de 1 a 6), no terço intermediário (posições de 7 a 12) e, também, no terço inferior (posições de 13 a 18), no conjunto de 18 países selecionados.

### 5.9.2 Qualidade da infraestrutura

A infraestrutura brasileira é uma das mais baixas entre os países emergentes, ficando atrás de países como México e Argentina, se considerarmos as Américas. Em relação aos países asiáticos, o Brasil é superado por Índia, China e Tailândia, segundo dados do Fórum Econômico Mundial (FEM). Outrossim, o país ocupa, atualmente, a 116ª posição em qualidade de infraestrutura, em comparação com 138 nações, de acordo com a última pesquisa do FEM (OCDE, 2018).

O Brasil investiu apenas 2,5% do PIB, em média, em infraestrutura entre 2008 e 2013, posicionando-se depois de vários países emergentes, como a África do Sul, com uma média de 4,7%, e da Indonésia, com 3,1%. A China, como país emergente, foi o que mais investiu em infraestrutura, com uma média de 8,8%, índice maior do que o de todos os demais países pesquisados, como podemos constatar no Gráfico 5.7.

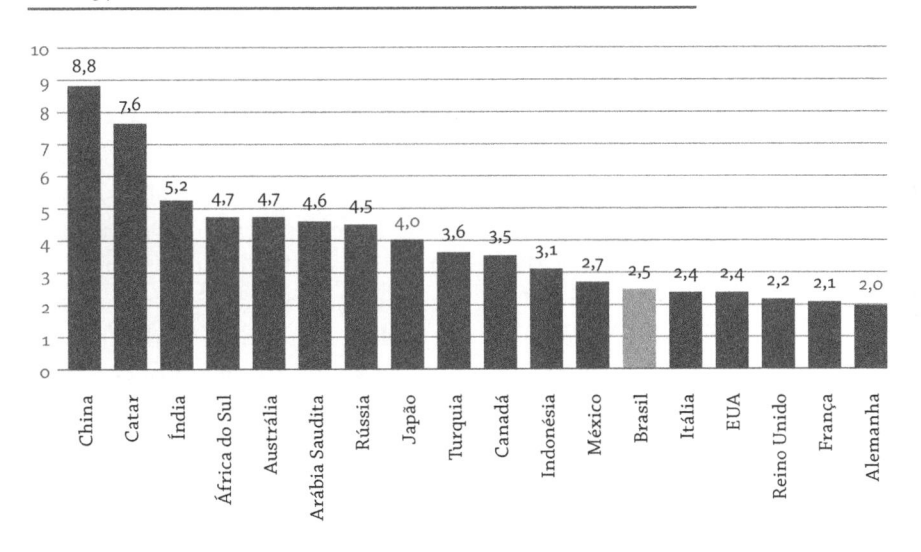

Gráfico 5.7 – Gastos com infraestrutura: média de 2008 a 2013 (% do PIB)

| País | % |
|---|---|
| China | 8,8 |
| Catar | 7,6 |
| Índia | 5,2 |
| África do Sul | 4,7 |
| Austrália | 4,7 |
| Arábia Saudita | 4,6 |
| Rússia | 4,5 |
| Japão | 4,0 |
| Turquia | 3,6 |
| Canadá | 3,5 |
| Indonésia | 3,1 |
| México | 2,7 |
| Brasil | 2,5 |
| Itália | 2,4 |
| EUA | 2,4 |
| Reino Unido | 2,2 |
| França | 2,1 |
| Alemanha | 2,0 |

Fonte: McKinsey, 2016, citado por Horta; Giambiagi, 2018, p. 27.

Todavia, os investimentos em infraestrutura vêm minguando nas três últimas décadas, em vez de aumentar. Se observarmos os dados referentes ao investimento com relação ao PIB na década de 1970 (Tabela 5.10), perceberemos que o percentual de investimento era de 5,4%. Como projeção, estima-se que esse valor, em 2018, tenha caído para 1,4% (Banco Mundial, 2018).

Tabela 5.10 – Gastos em infraestrutura no Brasil (% do PIB)

| | 1971-1980 | 1981-1990 | 1990-2000 | 2001-2015 | 2016 | 2017 (E) | 2018(P) |
|---|---|---|---|---|---|---|---|
| Energia | 2,1 | 1,5 | 0,8 | 0,6 | 0,7 | 0,4 | 0,5 |
| Telecomunicações | 0,8 | 0,4 | 0,7 | 0,6 | 0,4 | 0,3 | 0,3 |
| Água e esgoto | 0,5 | 0,2 | 0,2 | 0,2 | 0,2 | 0,1 | 0,1 |
| Transporte | 2,0 | 1,5 | 0,6 | 0,7 | 0,7 | 0,5 | 0,5 |
| Total | 5,4 | 3,6 | 2,3 | 2,2 | 2,0 | 1,3 | 1,4 |

Fonte: Elaborado com base em Banco Mundial, 2018.

**Para saber mais**

Você sabia que o Brasil subiu um degrau no *ranking* do Fórum Econômico Mundial (FEM) que avalia a competitividade de 141 países? Avançamos da 72ª posição (2018) para a 71ª na lista de 2019. O Global Competitiveness Index (GCI) foi divulgado em 9 de outubro de 2020 pelo FEM. Singapura foi apontado como o país mais competitivo do mundo, à frente dos Estados Unidos e de Hong Kong. Os últimos lugares ficaram com a República Democrática do Congo, o Iêmen e o Chade. Para mais informações, acesse:

BRASIL. Ministério da Economia. **Brasil sobe no ranking de competitividade do Fórum Econômico Mundial**. 9 out. 2019. Disponível em: <https://www.gov.br/economia/pt-br/assuntos/noticias/2019/10/brasil-sobe-no-ranking-de-competitividade-do-forum-economico-mundial>. Acesso em: 5 abr. 2021.

### 5.9.3 Capital humano

O Brasil tem aumentado seu investimento público em educação nos últimos anos, atingindo 6% do PIB em 2014, em comparação com 5,2% do PIB em 2013 (OCDE, 2021). Com esse aumento, o país alcançou as médias mundiais. O problema, no entanto, está no fato de que esse número não se converteu em melhores resultados na educação.

Essa conclusão foi obtida por meio da Prova Brasil, que é desenvolvida com a finalidade de avaliar a qualidade do ensino praticado nas escolas das redes públicas e promovida pelo Instituto Nacional de Estudos e Pesquisas Educacionais Anísio Teixeira (Inep). Nos anos iniciais, observou-se uma melhora, mas, nos anos finais (ensino médio), somente cerca de 10% a 20% dos alunos aprenderam o que é considerado pertinente.

Se aumentarmos o campo de análise para uma comparação internacional, considerando dados do Programme for International Student Assessment (Pisa), avaliação que é coordenada pela OCDE e aplicada, a cada três anos, a estudantes na faixa dos 15 anos de idade em forma de amostra – uma vez que, se presume, essa idade coincide com o término do ensino básico obrigatório na maioria dos países –, os resultados brasileiros mostraram queda nas três áreas avaliadas (ciências, leitura e matemática). O Brasil ficou na 63ª posição em ciências; na 59ª posição em leitura; e na 66ª colocação em matemática em 2015. O detalhe é que a avaliação envolve apenas 70 países.

É preocupante que quase 50% dos estudantes brasileiros tenham tido um desempenho abaixo do nível dois da prova, que é o considerado adequado; e que 70% dos jovens ficaram no nível mais baixo em matemática, que configura o caso mais crítico. Países como Colômbia, México e Uruguai gastam menos por estudante do que o Brasil e apresentam melhor desempenho no Pisa, evidenciando-se, assim, que é preciso melhorar a eficiência dos gastos em educação no Brasil (Horta; Giambiagi, 2018).

Essas informações enfatizam que a qualidade da educação brasileira ainda é um gargalo grave e que afeta negativamente a qualificação profissional. Não havendo recuperação da educação, o desafio do crescimento sustentável fica ainda mais incerto (Horta; Giambiagi, 2018).

Cerca de 40% das famílias de maior renda têm acesso a creches, ao passo que somente 15% das famílias pobres com crianças de menos de 3 anos dispõem disso. Ainda há uma grande distância entre as conquistas educacionais de brancos e de afrodescendentes, embora essa desigualdade tenha decaído nos últimos anos (Banco Mundial, 2017).

## Síntese

Neste capítulo, explicitamos que:

- ❖ O cálculo do PIB considera produtos acabados, para uso final e novos; e sua composição é afetada por inúmeros fatores, como expectativas de ganhos das famílias e gastos do governo.
- ❖ A inflação é algo negativo, uma vez que compromete a renda do trabalhador e seu poder de compra. É intensamente sentida por quem tem menor renda.
- ❖ O setor de serviços emprega um número de trabalhadores maior que os demais e, por essa razão, influencia mais a economia. Não obstante, enfrenta dificuldades em relação ao custo marginal devido ao grande aporte financeiro para que isso ocorra, principalmente no ramo de hotelaria.
- ❖ Houve um aporte de financiamento às pessoas física e jurídica após 2003, o que injetou renda no mercado e elevou o consumo.
- ❖ Apesar de o setor de serviços ter um número maior de trabalhadores, eles não recebem os maiores salários em razão, possivelmente, da pouca qualificação exigida pelas vagas – com exceção dos serviços na área de tecnologia.
- ❖ A infraestrutura deficitária do país é um entrave tanto para o setor de serviços quanto para os demais, sendo a logística um dos principais problemas.
- ❖ O Brasil, dos países em desenvolvimento, é um dos que pouco investem em educação, diferentemente da China, que é o maior investidor. Isso é uma alternativa para aumentar a produtividade, principalmente quando o investimento concentra-se na educação básica.

## Questões para revisão

1. Para a economia de um país hipotético, considere os valores informados a seguir. Determine qual é o PIB e se há deficit ou superavit de exportação. Em seguida, assinale a resposta correta:

   Investimento privado: $ 1045
   Importação de serviços: $ 780
   Exportação: $ 846
   Gastos do governo: $ 1190
   Consumo das famílias: $ 3740
   PIB: $ ?

   a) O PIB é de $ 5909 e há um deficit de $ 66 em exportação.
   b) O PIB é de $ 6041 e há um superavit de $ 66 em exportação.
   c) O PIB é de $ 6041 e há um superavit de $ 60 em exportação.
   d) O PIB é de $ 5099 e há um deficit de $ 60 em exportação.

2. Quanto ao salário nominal dos trabalhadores de diversos setores, há diferenças consideráveis, o que pode decorrer das particularidades de cada área. Sobre isso, conforme a Tabela 5.6, assinale a alternativa que indica o percentual de diferenciação entre os setores de serviços e indústria no ano de 2012:
   a) Os salários dos serviços eram 13,1% menores que os da indústria.
   b) Os salários dos serviços eram 22,7% menores que os da indústria.
   c) Os salários dos serviços eram 11,2% menores que os da indústria.
   d) Os salários dos serviços eram 19,3% menores que os da indústria.

3. Uma das grandes dificuldades do Brasil está nos investimentos de infraestrutura. Assinale a alternativa que indica em qual posição o Brasil se encontra em relação ao investimento em infraestrutura média de 2008 a 2013, e qual país está na liderança:
   a) O Brasil está em 13º lugar (2,5% do PIB), e a China, em 1º (8,8% do PIB).
   b) O Brasil está em 13º lugar (2,4% do PIB), e a China, em 1º (8,8% do PIB).
   c) O Brasil está em 13º lugar (2,5% do PIB), e os EUA, em 1º (8,8% do PIB).
   d) O Brasil está em 13º lugar (2,5% do PIB), e a Alemanha, em 1º (8,8% do PIB).

Number1411/Shutterstock

# 6
# Sistema monetário

## Conteúdos do capítulo

- Sistema monetário.
- Política cambial.
- Peso do setor de serviços.
- Relação entre governo e política econômica no setor de serviços.

## Após o estudo deste capítulo, você será capaz de:

- identificar a interferência do governo com base na alteração da política fiscal e no impacto sofrido pelas empresas;
- reconhecer as consequências da interferência do governo no câmbio;
- especificar a importância do setor de serviços na política do governo;
- reconhecer o impacto das políticas macroeconômicas do governo.

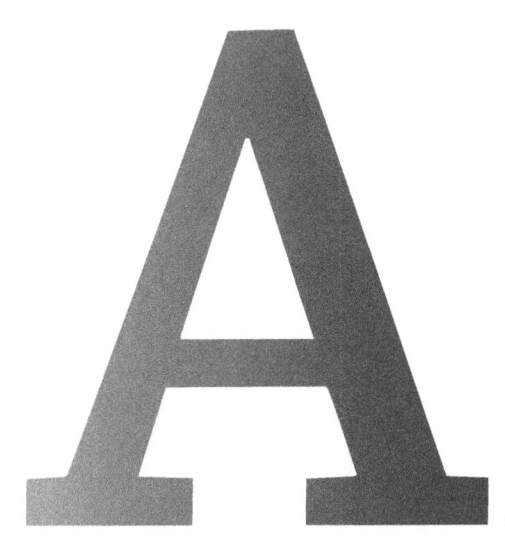

A macroeconomia contém certos pontos fundamentais de tomada de decisões do governo, os quais afetam seu desempenho e a vidas das organizações e das famílias. Esses pontos constituem o que chamamos de *sistema monetário*. Em um primeiro momento, parece não fazer sentido que as empresas acompanhem os gastos diários do governo. No entanto, uma vez que a política fiscal é alterada pelo Estado, seu impacto pode ser sentido na demanda da produção de bens e de serviços, nos investimentos, na taxa de juros e em outros aspectos econômicos.

Se a mudança do governo estiver direcionada ao aumento da taxa de juros, isso impactará a quantidade demandada de fundos de empréstimos pelos investidores e pelas empresas, que tenderá a cair. Se, ao contrário, a taxa de juros estiver baixa, a quantidade de demanda por empréstimos aumentará, e a oferta tenderá a diminuir. Contudo, se a estratégia do governo for interferir no câmbio, seu impacto será sentido nas exportações. Por exemplo, caso o câmbio aumente, o desejo das empresas será exportar mais, afetando o mercado interno com o aumento do preço dos produtos. Ao mesmo tempo, isso encarecerá os itens que precisam ser importados, como matérias-primas, máquinas e equipamento de alguns setores.

Neste último capítulo, discorreremos sobre algumas estratégias econômicas governamentais que surtem diferentes impactos na vida do cidadão e das empresas.

## 6.1 MOEDA

No âmbito da macroeconomia, está a decisão dos governos em relação à moeda e ao sistema bancário de uma nação, que constituem o que é denominado *política monetária*. Esses procedimentos são realizados pelos bancos centrais, que têm autonomia para tomar decisões, embora seus dirigentes sejam escolhidos por políticos eleitos a cada nova eleição. Certamente, isso tem grande influência não apenas na economia, mas também na vida dos indivíduos.

Moeda equivale a uma quantidade de dinheiro, representa algo que funcione como retribuição financeira ou troca. O valor da moeda é garantido por lei, e sua circulação, portanto, é forçada (Vasconcellos, 2011; Garcia; Vasconcellos, 2014).

A moeda, como objeto de troca, sofreu diversas transformações ao longo do tempo. Na Roma Antiga, o sal foi a principal moeda. Um tempo depois, os metais assumiram esse papel em transações comerciais: primeiramente, a prata; e, posteriormente, o ouro. Três foram os motivos para a utilização desses metais: (1) sua limitação, uma vez que são extraídos da natureza; (2) sua durabilidade; e, principalmente, (3) sua possibilidade de divisão (Garcia; Vasconcellos, 2014).

Com o objetivo de controlar os metais em circulação, os governantes desenvolveram a cunhagem da moeda, a qual deu origem à moeda metálica atual. A circulação de moedas tem seu risco e, por isso, os indivíduos passaram a deixar os metais sob a custódia de casas especializadas.

O ourives era a pessoa que trabalhava com o ouro e com a prata e que emitia certificados de depósito dos metais sob sua guarda. De posse desses certificados, era possível comprar e fazer pagamentos, já que esses títulos eram transferíveis, por meio da posse, para outros indivíduos, que poderiam trocá-los pelos metais custodiados.

Passou-se a ter confiança nesses certificados com o tempo, os quais receberam aceitação geral, pois, a qualquer momento, poderiam ter seu valor convertido em ouro, por exemplo (Garcia; Vasconcellos, 2014).

No século XVII, surgiram os bancos comerciais privados, que emitiam notas ou recibos bancários, que circulavam como se fossem moedas, dando origem ao papel-moeda. Contudo, tais notas ou recibos ainda tinham lastro no depósito de ouro. Como as reservas de ouro são limitadas na natureza, o crescimento das economias nacionais e do comércio internacional dependia de outro tipo de recurso para embasar a moeda e o crédito. A limitação da emissão de moeda estava sujeita à quantidade de ouro existente, o que impunha uma restrição de oferta monetária (Garcia; Vasconcellos, 2014).

A emissão de moeda deixou de ser controlada a partir de 1920. O padrão-ouro foi abandonado, e a emissão de moedas ficou a critério das autoridades monetárias de cada país, sendo denominadas *moeda fiduciária* (referente à fidúcia, confiança). Portanto, os metais preciosos deixaram de servir como lastro (Garcia; Vasconcellos, 2014).

### 6.1.1 Funções da moeda

No sistema econômico, a moeda tem as seguintes funções fundamentais (Garcia; Vasconcellos, 2014):

- ❖ **Instrumento ou meio de trocas**: Por ter aceitação geral, é utilizada para mediar o fluxo de bens, de serviços e de insumos de produção da economia. Quem detém moeda tem a garantia de liquidez imediata.
- ❖ **Unidade de medida**: Cria o modelo por meio do qual se medem as trocas econômicas.
- ❖ **Reserva de valor**: A moeda pode ser acumulada e/ou depositada em forma de poupança para a aquisição de um bem ou serviço futuro. No entanto, para que isso se realize,

é importante que haja constância dos preços de bens e serviços, uma vez que a inflação impossibilita a compra da moeda, ao passo que a deflação (queda de preços) a valoriza.

## 6.1.2 Tipos de moeda

Existem três tipos de moeda (Garcia; Vasconcellos, 2014):

1. **Moedas metálicas:** São expedidas pelo Banco Central (Bacen). Têm um valor pequeno, sendo usadas como troco nas operações de compra e de venda do dia a dia.
2. **Papel-moeda:** Emitido, também, pelo Bacen, representa uma parte importante da quantidade de dinheiro que o público tem em sua posse.
3. **Moeda escritural ou bancária:** Retrata os depósitos efetuados pelos indivíduos à vista – ou seja, os dos correntistas nos bancos comerciais. É a moeda contábil, a que é movimentada pelos bancos.

## 6.1.3 Oferta da moeda

A moeda é um produto e, por isso, seu preço e sua quantidade seguem a lei da oferta e da demanda. Quem estabelece a quantidade de moeda é o Bacen, de acordo com a política monetária do país (Garcia; Vasconcellos, 2014).

A oferta da moeda tem o mesmo sentido de meios de pagamento, que são estipulados como o estoque de moeda disponível para uso da população (setor privado não bancário) em dado período. As necessidades e as transações com bens e com serviços do setor produtivo são satisfeitas.

Com o propósito de se desenvolver o conceito para medir a liquidez, tem-se o saldo dos meios de pagamento da seguinte forma:

$$M = PP = DV$$

Em que:
PP = Em poder do público, fica o saldo da moeda (PP);
DV = Saldo dos depósitos à vista.

## 6.1.3.1 Oferta de moeda pelos bancos comerciais

Os bancos comerciais têm o poder de expandir a oferta de moeda com o aumento da moeda escritural ou dos depósitos à vista. Os bancos precisam manter algumas reservas disponíveis, para que estejam à disposição dos que optarem por fazer retiradas. Caso o montante de novos depósitos atinja um valor muito próximo ao do montante de retiradas, o banco não tem necessidade de manter todos os depósitos sob a forma de reserva.

Assim sendo, os banqueiros têm um estímulo para conceder empréstimos. O banco precisa guardar em seus cofres apenas a parte dos depósitos à vista que lhes possibilitar cobrir as reservas técnicas ou de caixa (para pagamento dos cheques) e os depósitos compulsórios e voluntários (cheques de compensação), podendo emprestar os depósitos restantes a seus clientes, uma vez que dispõe de uma carta-patente que lhe autoriza essa movimentação. Nesse caso, constitui-se a reserva bancária fracionária, um sistema em que os bancos conservam apenas uma fração de seus depósitos sob a forma de reserva (Mankiw, 2010).

### Perguntas & respostas

1. Como ocorre a reserva bancária fracionada?
Podemos compreendê-la por meio dos empréstimos tomados do banco. Observe:

Balanço financeiro do Banco A

| Ativo | | Passivo | |
|---|---|---|---|
| Reservas | $ 20 | Depósito | $ 100 |
| Empréstimos | $ 80 | | |

Como podemos perceber, os depósitos desse banco são de $ 100, e o valor obrigatório de reserva é de $ 20, dado que a taxa de reserva é de 20% sobre o valor de depósito. Nesse exemplo, então, conforme a regra, o banco empresta os $ 80 restantes.

> O Banco A promove o crescimento da oferta de recursos em $ 80,00 quando um empréstimo é efetuado. Para que isso aconteça, a oferta monetária deve ser de $ 100,00, o que equivale aos depósitos do Banco A. Posteriormente, quando o empréstimo for conferido, a oferta de recursos passará a ser de $ 180,00, visto que que o depositante mantém o depósito à vista de $ 100,00, apesar de o tomador do empréstimo ter $ 80,00 em moeda corrente. Os bancos criam moeda corrente, caso o sistema permita que isso ocorra.

Se um banco empresta parte de suas reservas a terceiros, dá àquele que toma o empréstimo a capacidade de realizar novas transações e, assim, fomenta o crescimento da oferta monetária. Isso acontece porque os que procuram por empréstimos assumem uma obrigação financeira com o banco. Portanto, a "criação de moeda" pelo sistema bancário aumenta a liquidez da economia, mas não sua riqueza.

### 6.1.4 Demanda por moeda

Sempre é importante entender o que leva os indivíduos a conservarem consigo a moeda, não a utilizando em investimentos. As explicações são três (Vasconcellos, 2011; Nogami; Passos, 2013; Garcia; Vasconcellos, 2014):

1. **Demanda por motivo de transação:** Sabendo que precisarão desembolsar suas moedas para pagamento de transações de bens e de serviços antes do próximo recebimento, os indivíduos mantêm as moedas consigo.
2. **Demanda por motivo de precaução:** Essa é uma forma de empresas e indivíduos adiantarem-se a uma possível necessidade de desembolso de moedas devido a fatos, pagamentos inesperados e/ou demoras nos recebimentos.
3. **Demanda por motivo de especulação:** A moeda em si, quando está nas mãos de indivíduos e empresas, apresenta liquidez, o que lhes permite observar a taxa de juros durante a aplicação dela: quanto maior for a taxa de juros, maior será o interesse de aplicação, vislumbrando-se um

maior rendimento da moeda; ao contrário, quanto menor for a taxa de juros, menor será o interesse em aplicar a moeda, uma vez que menor será seu rendimento.

Quanto à demanda de moeda por motivo de especulação, "Keynes deu nova dimensão à moeda ao colocá-la também como uma forma de poupança de acumular patrimônio. Segundo Keynes, as pessoas demandam moeda não apenas para satisfazer a transações correntes, mas também para especular com títulos, imóveis etc." (Vasconcellos, 2011, p. 174).

Então, quanto maior for a taxa de juros, maior será a compra de títulos e menor a demanda de moeda para especulação (Gráfico 6.1).

Temos que:

$Md_E = f_{(i)}$, sendo $\Delta Md_E < \Delta_i$

Em que:
$Md_E$ = Demanda de moeda por especulação (ou portfólio);
i = Taxa de juros de mercado.

Gráfico 6.1 – Demanda de moeda por especulação

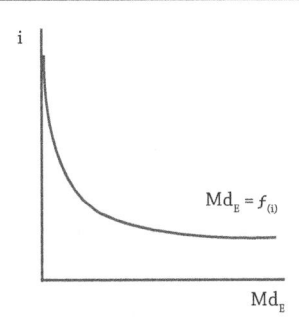

Fonte: Vasconcellos, 2011, p. 301.

## Equilíbrio monetário

Conquista-se o equilíbrio monetário de uma economia quando a oferta de moeda é igual à demanda de moeda, tendo, como consequência, a taxa de juros de equilíbrio (Nogami; Passos, 2013).

## 6.2 Meios de pagamento

São meios de pagamento a totalidade de moeda de completa liquidez em domínio do setor não bancário cujas trocas podem ser realizadas imediatamente. Conforme Nogami e Passos (2013, p. 154), "os meios de pagamentos, na sua forma mais restrita, são representados pela soma do papel-moeda em poder do público mais os depósitos à vista nos bancos comerciais, públicos (aí incluídos o Banco do Brasil e a carteira comercial da Caixa Econômica) e privados".

Os ativos financeiros que apresentam liquidez alta, apesar de não serem instantâneos, são identificados como moeda, mas cada ativo conserva sua especificidade:

- M1 está em poder do público, como depósitos à vista nos bancos comerciais (Tabela 6.1).
- M2 é composto por M, por depósitos especiais remunerados, por depósitos de poupança e por títulos emitidos por instituições depositárias.
- M3 tem, em sua composição, o M2 adicionado às quotas de fundos de renda fixa e às operações compromissadas registradas no Sistema Especial de Liquidação e Custódia (Selic).
- M4 é constituído por M3 e pelos títulos públicos de alta liquidez.

Tabela 6.1 – Meios de pagamento M1 e componentes (R$ milhões)

| Período | | Saldos em final de período | | | Média nos dias úteis do mês | | |
|---|---|---|---|---|---|---|---|
| | | Papel-moeda em poder do público | Depósitos à vista | Meios de pagamento (M1) | Papel-moeda em poder do público | Depósitos à vista | Meios de pagamento (M1) |
| 2018 | Dez. | 218 157 | 192 070 | 410 226 | 215 208 | 187 989 | 403 197 |
| [...] | | | | | | | |
| 2019 | Ago. | 197 967 | 178 833 | 376 800 | 199 552 | 175 070 | 374 622 |
| | Set. | 201 708 | 185 854 | 387 562 | 205 295 | 178 057 | 383 352 |
| | Out. | 201 433 | 180 496 | 381 929 | 205 910 | 179 999 | 385 909 |
| | Nov. | 211 615 | 194 626 | 406 241 | 207 919 | 183 841 | 391 760 |
| | Dez. | 228 309 | 219 413 | 447 722 | 226 897 | 206 521 | 433 418 |

*(continua)*

*(Tabela 6.1 – conclusão)*

| Período | | Saldos em final de período | | | Média nos dias úteis do mês | | |
|---|---|---|---|---|---|---|---|
| | | Papel-moeda em poder do público | Depósitos à vista | Meios de pagamento (M1) | Papel-moeda em poder do público | Depósitos à vista | Meios de pagamento (M1) |
| 2020 | Jan. | 212 569 | 191 982 | 404 550 | 220 001 | 188 453 | 408 454 |
| | Fev. | 210 227 | 199 681 | 409 908 | 215 559 | 193 373 | 408 932 |
| | Mar. | 214 206 | 221 617 | 435 823 | 213 589 | 202 819 | 416 408 |
| | Abr. | 237 660 | 233 611 | 471 271 | 227 408 | 221 396 | 448 804 |
| | Maio | 256 972 | 246 472 | 503 444 | 251 572 | 232 549 | 484 120 |
| | Jun.* | 270 539 | 253 337 | 523 876 | 269 897 | 243 897 | 513 794 |
| | Jul.* | 280 139 | 255 775 | 535 914 | 277 211 | 255 143 | 532 354 |
| | Ago.* | 287 120 | 262 896 | 550 016 | 285 210 | 256 811 | 542 021 |
| | Set. 1 | 289 123 | 268 533 | 557 656 | 289 123 | 268 533 | 557 656 |
| | 2 | 291 077 | 267 070 | 558 147 | 290 100 | 267 802 | 557 902 |
| | 3 | 293 468 | 272 302 | 565 770 | 291 223 | 269 302 | 560 525 |
| | 4 | 298 187 | 273 170 | 571 357 | 292 964 | 270 269 | 563 233 |
| | 8 | 301 150 | 271 691 | 572 841 | 294 601 | 270 553 | 565 154 |
| | 9 | 299 154 | 271 213 | 570 367 | 295 360 | 270 663 | 566 023 |
| | 10 | 296 952 | 269 180 | 566 132 | 295 587 | 270 451 | 566 039 |
| | 11 | 295 787 | 265 636 | 561 423 | 295 612 | 269 849 | 565 462 |
| | 14 | 292 772 | 266 848 | 559 620 | 295 297 | 269 516 | 564 813 |
| | 15 | 290 875 | 265 944 | 556 819 | 294 854 | 269 159 | 564 013 |

[...]

*Dados preliminares

Fonte: Bacen, 2020.

Como podemos observar, o papel-moeda em poder do público teve um crescimento de 68% de agosto de 2019 a agosto de 2020. O M1, em milhões, era de 376.800 em 2019 e de 550.016 em 2020.

A desmonetização da economia ocorre em períodos de crescimento inflacionários intensos – ou seja, há redução da quantidade de moeda sobre os ativos financeiros totais; e, em consequência disso, os indivíduos procuram prevenir-se contra a inflação com aplicações financeiras que rendam juros. Assim, a tendência do M1 é diminuir.

Chama-se o processo inverso de *monetização*; nele, a inflação permanece baixa, e os indivíduos conservam mais moeda, que não rende juros, em comparação com os demais ativos financeiros. Quando há monetização, o M1 cai, progressivamente, a M4, ocorrendo uma desmonetização. Logo,

M1 > M4 = Monetização
M1 < M4 = Desmonetização

A criação da moeda ocorre com um aumento do volume dos meios de pagamento. A "destruição" de moeda efetiva-se de forma inversa, com a redução da moeda e, como consequência, dos meios de pagamento.

Cria-se moeda quando:

- se aumentam a quantidade de empréstimos e a retirada de reservas dos bancos;
- há conversão de dólares por reais pelos exportadores no Bacen

Destrói-se a moeda quando:

- da venda de dólares aos importadores pelo Bacen, e reais são recebidos em troca;
- há redução dos meios de pagamento, visto que ocorre o resgate do empréstimo bancário, saindo das mãos do público e retornando ao caixa dos bancos.

Também é possível que nem criação nem destruição de moeda aconteçam: se houver saque de um cheque no caixa do banco, não se configuram esses processos, mas uma transferência de depósitos à vista. Nesse caso, a posse da moeda estará com um indivíduo, e não sob a tutela de um banco (moeda escritural) (Nogami; Passos, 2013; Vasconcellos, 2014).

## 6.3 POLÍTICA MONETÁRIA

A política monetária corresponde a um conjunto de medidas adotadas pelo governo com o objetivo de controlar a oferta de moeda e as taxas de juros, de forma a garantir a melhor liquidez da economia de um país (Nogami; Passos, 2013).

A política monetária visa, por meio do controle da oferta de moeda, atingir o crescimento do nível de emprego, a estabilidade dos preços, uma taxa de câmbio pragmática e uma apropriada taxa de crescimento econômico (Nogami; Passos, 2013).

O órgão que executa a política monetária, na maioria dos países, é o Bacen, instituição do governo ou dele dependente que é incumbida da produção de moeda, da padronização do crédito, da preservação do padrão monetário e da fiscalização de câmbio. Pode-se afirmar que o Bacen, nesse sentido, presta os mesmos serviços aos demais bancos.

A política monetária funciona, nos dias de hoje, como um instrumento de combate ao surgimento da inflação em muitos países, inclusive no Brasil. A flexibilidade com que pode ser aplicada é sua maior eficácia, assim como o conjunto de medidas práticas à disposição das autoridades, sem a obrigatoriedade de o Poder Legislativo dar seu aceite (Nogami; Passos, 2013).

### 6.3.1 Instrumentos da política monetária: Bacen

O Bacen é o órgão controlador indireto da oferta monetária, utilizando, para isso, uma multiplicidade de instrumentos: a influência da base monetária e da reserva e os depósitos (Mankiw, 2010).

Suas principais funções de controle são:

- ❖ **Controle direto da quantidade de dinheiro em circulação:** É o órgão responsável pela emissão, pela retirada de circulação de moeda manual desgastada e por controlar a circulação da moeda.
- ❖ **Operações no mercado aberto (*open-market*):** Refere-se à compra e venda de títulos públicos pela autoridade monetária, com o intuito de controlar os fluxos gerais de liquidez da economia. No momento em que o Bacen realiza operações de venda de títulos públicos, retira do mercado grande quantidade de moeda, recolhendo, dessa maneira, o excedente de dinheiro em circulação e retraindo os meios de

pagamento. Na compra de títulos da dívida pública, o Bacen libera dinheiro no sistema financeiro, aumentando, assim, a base monetária, com expansão dos meios de pagamentos.

- **Fixação da taxa de reserva:** Corresponde à atuação direta sobre os bancos, uma vez que são eles que contraem empréstimos quando constatam não ter reservas suficientes para cumprir com os saques dos correntistas, com novos empréstimos e com alguma outra necessidade comercial.
- **Taxa de redesconto:** É a taxa de juros exigida dos bancos comerciais que contraem empréstimos para sanar problemas de liquidez imprevistos.

A autoridade monetária brasileira pode interferir também na regulamentação do crédito e da moeda quando estipula a taxa de juros Selic, embora não faça isso explicitamente. No Brasil, trata-se da principal variável de controle da política monetária.

## Para saber mais

A teoria monetarista teve como principal expoente Milton Friedman, economista norte-americano considerado seu fundador. As raízes do monetarismo estão na teoria quantitativa da moeda. A Crise de 1929 mudou, profundamente, a forma de enxergar a economia e de restaurar o equilíbrio econômico de um país. Em 1968, Friedman negou tudo o que o keynesianismo preconizava até aquele momento. O artigo "Friedman e o monetarismo: a velha teoria quantitativa da moeda e a moderna escola monetarista" aborda esse assunto e pode ser acessado em:

CORAZZA, G.; KREMER, R. L. Friedman e o monetarismo: a velha teoria quantitativa da moeda e a moderna escola monetarista. Análise Econômica, v. 21, n. 40, p. 65-87, set. 2003. Disponível em: <https://seer.ufrgs.br/AnaliseEconomica/article/view/10731/6341>. Acesso em: 5 abr. 2021.

# 6.4 Taxas de juros

A taxa de juros retrata o preço do dinheiro na régua de tempo. Representa uma taxa de ganho para quem aplica e o custo do empréstimo para aqueles que buscam empréstimos. Normalmente, é expressa em uma porcentagem por um intervalo de tempo: por exemplo, 10% ao ano; 5% ao semestre, 2% ao mês etc.

A taxa de juros influencia, estrategicamente, as tomadas de decisões dos múltiplos agentes econômicos, como as dos empresários em relação aos ativos fixos e à redução de estoques, de insumos de bens finais e de quantidade de capital de giro. Isso acontece não apenas no nível atual, mas também no dos futuros.

Quando a direção da taxa de juros é cética, os empresários mantêm níveis baixos de estoques e de capital de giro, sabendo que o custo de manutenção desses ativos poderá ser extremamente dispendioso no futuro. As taxas de juros do período impactam as decisões de investimento, visto que buscam uma maior liquidez.

Os consumidores, por sua parte, exercem maior poder de compra à medida que as taxas de juros decaem. Ao contrário, quando as taxas de juros crescem, as autoridades governamentais optam por uma redução do nível da demanda. A variação da taxa de juros determina, também, o volume de consumo de bens duráveis por parte das famílias (Vasconcellos, 2011).

A fixação da taxa de juros dentro do país tem relação com a procura de crédito nos mercados financeiros internacionais. A mobilidade de capitais financeiros internacionais está, desse modo, ligada aos diferenciais de taxas de juros entre os inúmeros países, uma vez que há maior procura por crédito externo por parte das empresas nacionais ante juros menores. O contrário pode ser observado quando a taxa de juros diminui no mercado interno (Vasconcellos, 2011).

## 6.4.1 Taxas de juros nominal e real

A taxa de juros nominal é o pagamento expresso em percentual em relação a determinado intervalo de tempo – mensal, trimestral, anual etc. É a taxa recebida, de antemão, por um investimento.

A taxa de juros real é negociada com base na taxa de inflação do período do investimento. No caso de não haver inflação no período, a taxa de juros nominal é igual à taxa de juros real. É possível demonstrar assim como isso acontece:

$r = i - \pi$

Em que:
$i$ = Taxa de juros nominal;
$r$ = Taxa de juros real;
$\pi$ = Taxa de inflação.

Dessa forma, a taxa de juros real é a diferença entre a taxa de juros nominal e a taxa de inflação.

### 6.4.1.1 Efeito Fisher

Com a reorganização dos termos da equação para a taxa de juros real, é possível demonstrar que a taxa de juros nominal é a soma da taxa de juros real e da taxa de inflação. A equação evidencia que a taxa de juros nominal tem a possibilidade de se alterar por dois motivos: (1) pela modificação da taxa de juros real e (2) pela modificação da taxa de inflação. Fisher apresenta a relação entre as três variáveis:

$(1 + i) = (1 + r)(1 + \pi)$

Em que:
$i$ = Taxa de juros nominal;
$r$ = Taxa de juros real;
$\pi$ = Taxa de inflação esperada.

$$(1 + i) = \frac{(1 + i)}{(1 + \pi)}$$

$$r = \frac{(1 + i)}{(1 + \pi)} - 1$$

Como isso ocorre com o uso da fórmula? Suponhamos que a taxa de inflação esperada para o ano seja de 5%; se o Comitê de Política Monetária (Copom) fixar a taxa de juros Selic (nominal) em 12% ao ano, qual será a taxa real de juros? Usando a fórmula anterior, tem-se o seguinte cálculo:

$$r = \frac{(1 + 0,12)}{(1 + 0,05)} - 1 = \frac{1,12}{1,05} = -1 \approx 1,067 - 1 = 0,067$$

Em termos percentuais (0,067 × 100), a taxa real de juros é de 6,7% ao ano (Vasconcellos, 2011).

### 6.4.2 Teoria da liquidez

De acordo com Keynes, a taxa de juros é um determinante da motivação da quantidade de moeda manual que as pessoas decidem manter consigo. A razão disso é que a taxa de juros é o próprio custo de oportunidade de manter a moeda corrente em mãos; representa melhor a parte que se deixa de ganhar por se manter uma parcela dos ativos sob a forma de moeda em espécie, que não rende juros. Por exemplo, se os mesmos valores fossem convertidos em títulos ou em depósitos bancários, renderiam juros. No momento em que a taxa de juros se expande, as pessoas querem ter uma parcela diminuta de sua riqueza em moeda corrente (Mankiw, 2010; Garcia; Vasconcellos, 2014).

A teoria da preferência pela liquidez é a definição básica pela opção da taxa de juros. Considerados exógenos a oferta monetária e o nível de preços, tem-se esperança de que a taxa de juros se regule, de modo a equilibrar a oferta e a demanda de encaixes monetários reais. Esse princípio propõe que a expansão na oferta monetária reduza a taxa de juros (Mankiw, 2010; Garcia; Vasconcellos, 2014).

## 6.5 Política fiscal

Política fiscal consiste no conjunto de ferramentas de que o governo dispõe com a intenção tanto de equilibrar as receitas e as despesas próprias quanto de manter sadios as despesas e os consumos do setor privado. A política tributária, mais do que influenciar o nível de tributação, tem o objetivo de determinar a estrutura e as alíquotas de impostos, a fim de estimular ou de inibir as despesas do consumo do setor privado.

Portanto, a política fiscal é o ajustamento dos tributos e dos gastos do governo para regular a atividade econômica. É usada para reparar ou para anular as tendências à deflação e à inflação.

Caso o intento seja reduzir a taxa de inflação, as medidas fiscais são a redução de gastos públicos e o aumento da carga tributária (o que inibe o consumo), visando diminuir os gastos da população. Caso o intento seja fomentar o crescimento econômico e o emprego, as ferramentas fiscais são as mesmas, mas são empregadas em sentido inverso, para elevar a demanda agregada (Mankiw, 2010; Vasconcellos, 2011).

### 6.5.1 Carga tributária

A carga tributária retrata o total da arrecadação fiscal do governo. Portanto, representa a soma dos impostos diretos e indiretos e das demais receitas correntes. Por sua vez, "carga tributária líquida é a diferença entre a carga tributária bruta e as transferências e subsídios ao setor privado" (Vasconcellos, 2011, p. 213)

### 6.5.2 Princípios de tributação

Para que o Estado execute suas funções com a sociedade, o financiamento é realizado por meio da arrecadação tributária ou receita fiscal. Por isso, existem alguns princípios que a teoria da tributação deve seguir, quais sejam (Vasconcellos, 2011; Garcia; Vasconcellos, 2014):

❖ **Princípio da neutralidade:** Denota que os preços fixados pelo mercado não provoquem mudanças no preço relativo dos bens e dos serviços, apesar da incidência do tributo. O sistema tributário tem o objetivo de não impactar de forma negativa a eficiência econômica. Os impostos podem ser utilizados, então, na correção de ineficiências do setor privado.

❖ **Princípio da equidade:** Além de ser neutro, o tributo deve ser equânime, no sentido de distribuir seu custo de maneira justa entre os indivíduos. A equidade também apresenta outros dois princípios: (1) princípio do benefício e (2) princípio da capacidade de pagamento. Em síntese, o primeiro deve ser compreendido como o tributo justo que cada contribuinte paga ao Estado, constituindo o montante de benefícios que o governo recebe. Por sua vez, de acordo com o segundo princípio, é necessário que os impostos estejam em conformidade com a capacidade de pagamento dos contribuintes. Como exemplo, pode-se citar o Imposto de Renda (IR). A capacidade de pagamento pode ser definida pela renda, pelo consumo e pelo patrimônio.

❖ **Princípio da constitucionalidade ou da anterioridade:** A implementação de uma tributação só pode acontecer no ano seguinte ao de sua aprovação pelo Poder Legislativo.

## 6.5.3 Efeitos da política tributária sobre a atividade econômica

No que se refere aos efeitos da estrutura tributária sobre o nível de atividade e, especificamente, sobre a competitividade de produtos no comércio internacional, evidencia-se a diferença entre impostos sobre valor adicionado e impostos em cascata.

Os impostos sobre valor adicionado descontam o valor cobrado das etapas precedentes do processo produtivo, ao passo que os impostos em cascata são cobrados sem diferenciar os agentes, nas transações intermediárias, agregando-se ao preço dos insumos e do produto final. Como exemplo, podemos citar os Imposto sobre Operações Financeiras (IOF) e a extinta Contribuição Provisória sobre Movimentação Financeira (CPMF), incidentes sobre todas as transações bancárias (Vasconcellos, 2011; Garcia; Vasconcellos, 2014).

A curva de Lafer traça uma relação entre a arrecadação tributária e a alíquota dos impostos. Assim, se a alíquota é relativamente baixa, há uma relação direta entre a alíquota e a arrecadação, sendo uma alíquota ótima de arrecadação. Entretanto, a partir de determinado nível da alíquota, em havendo uma elevação da taxa, isso resultaria em uma redução da arrecadação global e um desestímulo para os negócios em geral (Vasconcellos, 2011).

## 6.6 Política cambial e estratégia de competitividade

Também considerada política externa, porque representa o que acontece em uma economia e em suas conexões com o resto do mundo, a política cambial está fundamentada na administração da taxa de câmbio e no controle de operações cambiais. Embora possa não parecer, a políticas cambial e monetária caminham juntas, atuando sobre todas as variáveis relativas às transações econômicas mundiais (Vasconcellos, 2011).

O efeito mais direto da política cambial é a taxa de câmbio, que mede as transações de duas moedas no mercado, realizando equiparações entre ambas e definindo seus preços relativos (Vasconcellos, 2011).

A taxa de câmbio aponta a relação entre a circulação de mercadorias, os serviços, a renda dos fatores de produção e o capital produtivo e financeiro dos países. Quando há mais entrada do que a saída de moedas estrangeiras, isso indica que tem ocorrido mais exportações do que importações, bem como que a balança comercial está superavitária (Vasconcellos, 2011). No entanto, quando ocorre mais saída do que entrada de moedas estrangeiras, há mais importação do que exportação, o que valoriza a moeda estrangeira. Em outras palavras, a moeda nacional se deprecia ou se valoriza, e a política cambial é o instrumento responsável pelas relações comerciais e financeiras entre um país e o resto do mundo.

A política cambial pode, também, fazer uso de medidas que favoreçam algum setor da economia, mantendo a moeda nacional artificialmente desvalorizada para estimular as exportações. Essa decisão aumenta a competitividade dos produtos e dos serviços nacionais em relação aos produtos e aos serviços do resto do mundo (Vasconcellos, 2011).

A taxa de câmbio é citada, repetidamente, como provável responsável pela perda de competitividade da indústria brasileira durante as duas últimas décadas. Nesse sentido, a moeda nacional tem mostrado uma tendência de sobrevalorização desde o Plano Real, com uma intensificação desse processo no fim do decênio de 2000 (Messa, 2017).

Na década de 1970, a taxa de câmbio passou por uma drástica mudança: o mundo todo deixou de fazer uso da taxa de câmbio fixa e passou a utilizar a taxa de câmbio flutuante. Contudo, as taxas de câmbio fixas não têm relevância apenas no contexto histórico, uma vez que essa decisão é tomada pelo agente econômico de um país. Quando isso ocorrer, o país tende a buscar valorizar sua moeda (Mankiw, 2010).

A parte fundamental de um sistema de taxa de câmbio fixa está no fato de que o Bacen desse país, antecipadamente, determina esse valor, comprometendo-se a comprar pela taxa ora fixada. A oferta e a demanda de divisas são, então, adequadas ao valor determinado (Mankiw, 2010).

O modelo Mundell-Fleming mostra que a taxa de câmbio fixa interfere, grandemente, na política monetária e fiscal de um país, o que, provavelmente, levou o mundo a adotar outros tipos de taxa de câmbio (Mankiw, 2010).

A escolha entre taxa de câmbio flutuante e taxa de câmbio fixa não é tão determinista quanto possa parecer. Em sistemas de taxas de câmbio fixas, pode haver um desestímulo às exportações, já que os exportadores não terão interesse em exportar. Como consequência, há uma fraca entrada de moeda estrangeira, impactando a balança comercial do país negativamente, tornando-a deficitária.

No caso dos sistemas de taxas de câmbio flexíveis, os países, normalmente, não têm controle do câmbio e ficam vulneráveis à volatilidade do mercado internacional, verificando-se uma ruptura entre as políticas cambial e monetária. No entanto, como vantagem, não há a necessidade de disponibilização de reservas para controlar o mercado de câmbio em caso de investidas especulativas (Vasconcellos, 2011).

O quadro a seguir compara essas taxas cambiais.

Quadro 6.1 – Regimes cambiais

|  | Câmbio fixo | Câmbio flutuante (flexível) |
|---|---|---|
| Características | Banco Central fixa a taxa de câmbio. Banco Central é obrigado a disponibilizar as reservas cambiais. | O mercado (oferta e demanda de divisas) determina a taxa de câmbio. Banco Central não é obrigado a disponibilizar as reservas cambiais. |
| Vantagens | Maior controle da inflação (custo das importações). | Política monetária mais independente do câmbio. Reservas cambiais mais protegidas de ataques especulativos. |
| Desvantagens | Reservas cambiais vulneráveis a ataques especulativos. A política monetária (taxa de juros) fica dependente do volume de reservas cambiais. | A taxa de câmbio fica muito dependente da volatilidade do mercado financeiro nacional e internacional. Maior dificuldade de controle das pressões inflacionárias, devido às desvalorizações cambiais. |

Fonte: Vasconcellos, 2011, p. 361.

## 6.7 Crescimento e desenvolvimento econômico

Desenvolvimento e crescimento produzem, muitas vezes, ambiguidades conceituais. Em geral, são dois termos que se combinam no progresso das nações. No entanto, jamais podem ser tratados como sinônimos.

Caso o processo de crescimento ocorra de forma isolada, isso pode gerar desequilíbrios estruturais em uma economia, ocasionando sérias dificuldades a seus governantes.

O processo de desenvolvimento, por seu turno, na maior parte dos casos, promove conjuntamente o crescimento. Assim, o desenvolvimento econômico refere-se a um estagio econômico, social e político de uma sociedade. É reconhecido pela constante melhoria nos índices de produtividade dos fatores de produção.

### 6.7.1 Crescimento econômico

O crescimento econômico não está relacionado ao bem-estar de uma população, mas ao aumento do Produto Interno Bruto (PIB), que mede a produção de bens e de serviços.

É fato que o crescimento econômico não se processa, simplesmente, pelo aumento do Produto Nacional Bruto (PNB), que mede a produtividade de empresas brasileiras dentro e fora do país. Quando se estima o PNB, é possível, também, identificar a renda *per capta* (ou por pessoa), dividindo-se o PNB pelo número total da população do país. Em princípio, esse seria um bom indicador de crescimento, visto que destaca a renda média da população, mas, em países com grandes desigualdades sociais, não é um dado fidedigno. No entanto, como indicador, em caso de aumentos constantes ao longo do tempo, aponta o crescimento econômico do país.

Sobre o crescimento econômico cabe destacar alguns pontos:

- Crescimento populacional: Indica uma maior quantidade do fator trabalho, não havendo o risco de escassez e de impacto negativo na produção por falta desse insumo. Isso é importante porque países que não alcançaram o desenvolvimento utilizam esse insumo de maneira intensiva, apesar de não obterem produtividade devido à falta de qualificação. Esta deve ser obtida com educação, não com experiência na atividade desenvolvida. Infelizmente, essa questão é muito complexa, visto que, em razão da baixa renda, não sobra dinheiro para investir nessa área. Mesmo crianças em idade de educação básica precisam optar por trabalhar e por sobreviver, prescindindo da qualificação.

❖ Acumulação de capital: Trata-se do aumento de ativos fixos, como máquinas e equipamentos. Esses elementos são importantes para que a economia produza bens e serviços em quantidade suficiente para atender à demanda da sociedade.

❖ Progresso tecnológico: A viabilização do progresso tecnológico estimula significativas mudanças dos fatores rotineiros de produção. Saliente-se que o progresso tecnológico é resultado de fatores como educação, investimentos em pesquisa, aumento da qualificação da mão de obra, entre outros.

### 6.7.2 Desenvolvimento econômico

A mudança de rumo para o desenvolvimento das nações ocorreu a partir da Segunda Guerra Mundial, seguindo mudanças políticas profundas, especialmente a conquista da independência política. Esses processos tiveram o objetivo de iniciar o processo de mudança estrutural, para suplantar o histórico atraso em que se encontravam esses países; e para alcançar, no prazo mais curto possível, o nível de bem-estar dos países considerados desenvolvidos (Vasconcellos, 2011; Nogami; Passos, 2013).

O tema do desenvolvimento é debatido desde Adam Smith, em sua obra *A riqueza das nações* (2017), sendo alcançado por meio do fenômeno de rendimentos crescentes, atualmente designado *produtividade* – ou melhor, *destinação eficiente dos recursos*. Se somam ao debate as grandes questões dos três maiores setores: indústria, agricultura e serviços (Vasconcellos, 2011; Nogami; Passos, 2013).

O desenvolvimento econômico efetivou-se nos países desenvolvidos por meio da industrialização, com a migração da mão de obra da área agrícola para a industrial nas décadas de 1950 e 1960. Já nos anos 1980, a proteção das indústrias nacionais gerou pouca inovação e alto custo de produção. A solução encontrada, na época, foi a minimização de barreiras comerciais para os países em desenvolvimento, promovendo o crescimento, principalmente, da economia asiática. Os países asiáticos são os que mais investem em educação desde esse período e mantêm suas poupanças elevadas (Vasconcellos, 2011).

Sobre o exposto, Nogami e Passos (2013, p. 235) explicam que o conceito de desenvolvimento:

implica, além de um aumento da quantidade de bens e serviços *per capita*, mudanças de caráter qualitativo. Alguns indicadores demonstram bem-estar e qualidade de vida da população, como exemplos:
1. Taxa de mortalidade infantil;
2. Esperança de vida ao nascer;
3. Índice de analfabetismo e padrões educacionais;
4. Taxa de desemprego e produtividade da mão de obra;
5. Distribuição da renda;
6. Participação do setor primário no produto nacional;
7. Percentual da população atuando na agricultura;
8. Setor de Serviços e sua participação na economia;
9. Potencial científico e tecnológico;
10. Grau de dependência externa;
11. Condições sanitárias.

A questão da extensão territorial evidencia problemas de infraestrutura, afetando sistemas eficientes de transporte que interliguem as regiões; são exemplos disso a Rússia e a China. A barreira linguística; os isolamentos social, cultural e econômico; e barreiras religiosas são apontados nos diversos setores da população (Nogami; Passos, 2013).

Alguns países em desenvolvimento, pela pouca renda acumulada, não têm a possibilidade de importar os bens e os serviços primários que auxiliariam seu desenvolvimento (Nogami; Passos, 2013).

O capital estrangeiro se desloca de um país ao outro para a compra de empresas e de ativos fixos e com o propósito de explorar serviços, com vistas sempre às oportunidades ofertadas.

O capital estrangeiro pode ser dividido:

- Direto: Quando é utilizado para formar novas empresas e para participar da composição societária de empresas já existentes
- Indireto: Quando se aloca em um país sob a forma de empréstimos e de financiamentos de longo prazo (Nogami; Passos, 2013).

Indicadores econômicos de infraestrutura relacionam-se ao conjunto de elementos que formam a sustentação econômica da sociedade. Entre esses elementos, figuram força de trabalho, recursos naturais, capital, estrutura de produção e estrutura de distribuição da renda.

Novos indicadores econômicos mais elaborados surgiram, permitindo medir o grau de desenvolvimento, como: o Índice de Desenvolvimento Humano (IDH) e o Índice de Corrupção Percebida (ICP).

Em virtude da busca pela redução da pobreza; pelo fomento à inserção de governos democráticos; pelo estabelecimento de mecanismos de prevenção a crises; pelo despertar da atenção mundial no que diz respeito à energia e ao meio ambiente, a Organização das Nações Unidas (ONU), em 1990, criou o IDH (Nogami; Passos, 2013). Seus objetivos específicos são o acompanhamento do desenvolvimento humano; o aumento da longevidade e da saúde das pessoas; a educação e o alargamento dos conhecimentos; e os recursos necessários para um padrão de vida digno. Além disso, defende a igualdade entre homens e mulheres, protegendo as gerações futuras e garantindo o bem-estar de todos (Nogami; Passos, 2013).

Ademais, como metodologia de cálculo, o IDH enfatiza a vida do indivíduo, colocando as pessoas e suas necessidades no centro das análises. Em sua essência, estão as aspirações e suas capacidades, tendo o desenvolvimento mundial como meta, rechaçando qualquer tipo de discriminação. O desenvolvimento humano é um processo que busca diversificar as opções das pessoas, não somente entre diferentes bens materiais e de consumo, mas entre as opções criadas para ampliar a capacidade e a condição humana (Nogami; Passos, 2013). Por sua vez, o ICP foi criado em 1995 pelo secretariado da Transparency Internacional, sendo um estudo global. Seu intuito é elencar os países em concordância com percepção de corrupção. A escala vai de 0 a 100: quanto mais perto o país estiver do 0, maior a percepção da corrupção. Atualmente, fazem parte dessa avaliação 180 países. Os números comprovam que, quanto mais evoluída é a economia, mais distante ela está desse comportamento (Nogami; Passos, 2013).

**Para saber mais**

O ICP, talvez, seja novidade para muitos. No entanto, desde 1995, a Transparência Internacional publica um relatório anual, elencando os países de acordo com grau em que a corrupção existente é percebida entre os funcionários públicos e os políticos.
Quer saber mais sobre esse assunto? Leia o artigo "Corrupção percebida: uma análise da associação com o ambiente contábil dos países do G20", dos autores Reiner Alves Botinha e Sirlei Lemes.

BOTINHA, R. A.; LEMES, S. Corrupção percebida: uma análise da associação com o ambiente contábil dos países do G20. In: CONGRESSO UFU DE CONTABILIDADE, 2., 2017, Uberlândia. Disponível em: <http://www.eventos.ufu.br/sites/eventos.ufu.br/files/documentos/9727_-_corrupcao_percebida_-_uma_analise_da_associacao_com_o_ambiente_contabil_dos_paises_do_g20.pdf>. Acesso em: 5 abr. 2021.

## 6.8 Desindustrialização

O tema desindustrialização é debatido desde 1990, com a abertura comercial sendo revisitada por diversas vezes. O baixo desempenho que a indústria de transformação, de forma geral, apresenta desde meados de 2011 acendeu o alerta para novas políticas econômicas em favor desse setor. Entre as medidas tomados pelo governo estão estímulo ao crédito, alterações no mercado de câmbio e desonerações tributárias.

A perda de peso da indústria na economia tem três motivos independentes:

1. Fraco desempenho em nível global, que foi superado em 2008, quando foram alcançados os índices pré-crise.
2. Integração da China, da Índia e de outros países orientais de renda baixa à economia mundial, alterando o quadro das vantagens comparativas não comuns para seu desempenho em vários cenários devido à concorrência das exportações.
3. Mudança nos padrões de consumo, que acompanham a ordem do crescimento econômico – o setor de serviços ganha destaque em relação à indústria (Bacha; Bolle, 2013).

Observe a tabela adiante.

Tabela 6.2 – Contribuição dos setores para a composição do PIB

| | Contribuição para o aumento do PIB (%) | Participação no valor adicionado em 2000 (%) |
|---|---|---|
| Agropecuária | 6 | 5 |
| Indústria | 20 | 30 |
| Transformação | 9 | 19 |
| Extração mineral | 3 | 2 |
| Construção | 5 | 6 |
| Siup | 4 | 3 |
| Serviços | 73 | 65 |
| Comércio | 15 | 12 |
| Transporte, armazenamento, correio | 5 | 5 |
| Serviço de informação | 5 | 3 |
| Intermediações financeira | 12 | 6 |
| Outros serviços | 15 | 14 |
| Serviços imobiliários e aluguéis | 8 | 8 |
| APU, educação e saúde públicas | 14 | 17 |

Fonte: Elaborado com base em Bonelli; Bacha, 2013, citados por Horta; Giambiagi, 2018.

Os dados da tabela ilustram a desaceleração da contribuição da indústria para a composição do PIB, ficando com 20%, enquanto o setor de serviços obteve 73%. O valor adicionado foi de 65%, para o setor de serviços; de 30%, para indústria; e de 5%, para a agropecuária.

É possível que se verifique alguma alteração nesses fatores em nível global, como a melhora do desempenho macroeconômico. No entanto, a volta do dinamismo não ocorrerá em curto e médio prazos. A integração dos países de rendas média e alta à economia global permanecerá, com exceção da China e da Índia, em um ritmo mais lento do que o do Brasil, permitindo a expansão das indústrias nacionais e de outros países da América Latina no mercado global (Bacha; Bolle, 2013).

O desempenho da indústria na composição do PIB brasileiro vem sendo ultrapassada pelos serviços há algum tempo. O pico de participação da indústria ocorreu entre 1974 e 1976, com participação de 24,1%. Entre 2009 e 2011, o percentual caiu para 16,9%. Se esse ritmo prosseguisse, antes do fim deste século, em 2092, haveria um país sem indústria, algo improvável.

Cabe lembrar que estiveram em operação no Brasil diversos mecanismos de defesa da produção industrial em 1970, mas isso não impediu que a perda da indústria acontecesse (Bacha; Bolle, 2013).

Para países como o Brasil, além de deixar de gerar empregos qualificados, a diminuição do peso da indústria cria uma dependência perigosa, uma vez que todos consomem produtos industriais com mais qualidade e em quantidades cada vez maiores. O consumo de produtos industrializados cresce com o crescimento da renda da população. A elasticidade-renda por produtos industriais é superior à elasticidade por produtos primários. Uma nação, que sem completar seu círculo industrial, vê a indústria de transformação perder espaço para outros setores, principalmente os serviços, pode, em médio prazo, enfrentar graves problemas no setor externo, com crescentes déficits em conta corrente e conviver com reduções na geração e na qualidade dos empregos. (Dieese, 2011, p. 5)

Podem ser apontados alguns fatores como responsáveis pela desindustrialização:

- ❖ excessiva valorização cambial;
- ❖ altas taxas de juros;
- ❖ estrutura tributária ineficiente;
- ❖ problemas de infraestrutura;
- ❖ excesso de burocracia;
- ❖ grande vantagem comparativa na produção de bens primários;
- ❖ educação formal insuficiente e baixa qualificação da mão de obra.

Esses aspectos se inter-relacionam intimamente, uma vez que uma taxa de juros alta auxilia a valorização cambial. Então, os custos de investimentos se elevam; como a estrutura tributária brasileira é ineficiente, a dinâmica de crescimento da indústria é reduzida.

No Brasil, ocorre um gradativo desalinhamento entre o crescimento do comércio, que é um serviço, e a produção industrial. Quantitativamente, o comércio tem prosperado desde 1995, com índices maiores do que os da indústria. Essa diferença entre o consumo e a produção nacional é suprida por produtos importados. Isso acontece porque a indústria de transformação não segue o desempenho do comércio. Com o uso de 87% da capacidade máxima de produção, o setor industrial não consegue atender à demanda do mercado interno (Dieese, 2011).

## O que é

A desindustrialização pode ser positiva, o que é observado em países desenvolvidos que reduzem a participação da produção e/ou do emprego por meio da transferência da fabricação de artefatos de menor valor agregado e/ou de trabalhos intensivos para outros países – geralmente, para países em desenvolvimento. Em contrapartida, produtos com maior valor agregado e de alta tecnologia ganham espaço na exportação. A desindustrialização não geraria desempregos, tendo em vista que o fator trabalho migraria para o setor de serviços. Nesse caso, apenas os países desenvolvidos sairiam ganhando com a desindustrialização (Cardoso; Paixão; Nascimento, 2012).

## 6.8.1 Impacto da atuação do Estado e das políticas macroeconômicas no setor de serviços

A partir da década de 1960, o setor de serviços apresentou um intenso crescimento com a expansão da microeletrônica. Concomitantemente, ocorreu o aumento de seus preços relativos, que incluem a mão de obra de uso intensivo, imputando fortes barreiras ao avanço da produtividade.

O aumento no preço dos serviços surtiu dois efeitos, a saber:

1. **Substituição do número de serviços pessoais pelo autosserviço (que é mais simples):** Infelizmente, nem todos os tipos de serviços pessoais conseguiram essa migração, como a saúde e a educação.

2. **Expansão dos serviços intermediários ligados à produção industrial:** Nos países desenvolvidos, o ponto de partida está na inserção de inovações dos processos produtivos da indústria, possibilitando o surgimento de novas formas de serviços graças à economia de escalas proveniente de outras fontes.

A especificidade dos serviços é sua heterogeneidade, sendo, então, necessário formular políticas que a respeitem. Contudo, essas políticas encontram duas áreas a serem atendidas de forma geral: o desemprego e a capacitação tecnológica para as empresas do setor. Além da abertura comercial, que não seria suficiente para aumentar a inserção internacional e para melhorar o desempenho produtivo do setor, algumas medidas necessitam ser tomadas, incluindo ações vinculadas a: programas educativos; financiamento; e capacitação tecnológica.

Ações vinculadas a **programas educativos**, como a criação de um programa de desenvolvimento de recursos humanos, têm o objetivo de treinar e reciclar a mão de obra para atuar com técnicas microeletrônicas e com programas especiais para educação empresarial. Desse modo, seria possível formar pequenos empresários de acordo com as modernas técnicas gerenciais.

Ações vinculadas ao **financiamento** têm em vista que, nas últimas décadas, houve grandes transformações impulsionadas não só pela revolução tecnológica, mas também pelas estratégias de terceirização por parte das empresas. Assim, incentivam-se parcerias entre os setores público e privado, a fim de propiciar programas de financiamento com melhores taxas de juros e uma aplicação mais apurada das linhas de crédito existentes nas agências públicas. Os organismos públicos, como o Banco Nacional de Desenvolvimento Econômico e Social (BNDES), a Financiadora de Estudos e Projetos (Finep), o Banco do Brasil e a Caixa Econômica Federal (CEF), dispõem de linhas de crédito que podem apoiar empreendimentos no setor de serviços.

Ações vinculadas à **capacitação tecnológica** visam estimular, urgentemente, os programas de capacitação técnica e de qualidade; a divulgação e o uso de novas tecnologias capazes de aumentar a produtividade dos serviços; e a competitividade das empresas. Promovem o desenvolvimento e a inovação tecnológica, incluindo incentivos fiscais à proteção tarifária seletiva e temporária para serviços de tecnologia de ponta e programas de apoio à reestruturação e/ou à extensão tecnológica – informatização e desenvolvimento de programas voltados às atividades das empresas.

## Estudo de caso

Desde a década de 1970, o mundo vem sofrendo modificações relativas à participação do PIB nas economias. Antes disso, a indústria contribuía fortemente, posto atualmente ocupado pelo setor de serviços, que ultrapassou os clássicos, como a agricultura e, posteriormente, a indústria de transformação.

A partir de 1960, com a expansão da microeletrônica, o setor de serviços apresentou um intenso crescimento. Com isso, tem se verificado o aumento de seus preços relativos, que incluem a mão de obra de uso intensivo – responsável por graves barreiras no avanço da produtividade. Entre 2000 e 2012, os serviços constituíram a maior parte do PIB brasileiro (73% deste), sendo sua principal fonte, não apenas de geração de empregos, mas também de riquezas. Nesse âmbito, destacam-se os seguintes segmentos: o comércio, a administração, a educação, a saúde, outros serviços e a intermediação financeira. A indústria, por sua vez, contribuiu apenas com 20%, e a de transformação, com 9% do crescimento total.

Observa-se que, dos quatro setores com maior coeficiente de emprego, dois são do setor de serviços, comércio e outros serviços. Em 2012, seriam necessários 45 trabalhadores para gerar 1 milhão de reais no comércio, número bem acima da média da economia, o que sugere que o setor é altamente intensivo em trabalho.

O Brasil ocupa atualmente a 116ª posição em qualidade de infraestrutura, em comparação com 138 países, de acordo com a última pesquisa do FEM. O país vinha aumentando seu investimento público em educação nos últimos anos, tendo atingido 6% do PIB em 2014, 0,8% a mais que o ano anterior (OCDE, 2014), alcançando as médias mundiais. O problema, no entanto, é que esses percentuais não estão se convertendo em melhorias na educação.

Como expusemos no capítulo, o setor de serviços vem crescendo paulatinamente e tem assumido o papel de empregador central com a migração da mão de obra da indústria para esse âmbito. Contudo, sua produtividade, das grandes às microempresas e às empresas individuais, é afetada justamente pelo referido fator educacional, pela falta de qualificação dos funcionários.

Considerando esse cenário, pesquise se, mesmo durante a pandemia, o setor de serviços registrou algum progresso. Em caso afirmativo, indique qual foi o percentual alcançado e argumente se, diante da urgência de maior produtividade, se a educação realmente é o melhor caminho. Por fim, reflita sobre as estratégias para manutenção desse crescimento do setor.

Para responder tais questões, indicamos consultar os seguintes materiais:

CARVALHO, L. M. de. Atividade econômica: desempenho do PIB. **Carta de Conjuntura**, n. 46, p. 1-7, jan./mar. 2020. Disponível em: <https://www.ipea.gov.br/cartadeconjuntura/wp-content/uploads/2020/03/PIB-IV.pdf>. Acesso em: 5 abr. 2021.

IBMEC Idea discute: o setor de serviços no Brasil. Ibmec, 22 maio 2013. (4 min 22 s). Disponível em: <https://www.youtube.com/watch?v=eN4lJZJRMtA>. Acesso em: 5 abr. 2021.

SETOR de serviços começa a crescer na economia brasileira. **TV Canção Nova**, 21 ago. 2020. (2 min 30 s). Disponível em: <https://www.youtube.com/watch?v=w7aCLiu129s>. Acesso em: 5 abr. 2021.

Nesse caso, podemos constatar que o crescimento do setor de serviços é sólido, pois, ano após ano, os números se mantêm. Contudo, logo precisará de mão de obra especializada para consolidar esse patamar. Para comprovarmos tudo isso, temos de analisar os últimos números do setor e o diagnóstico obtido pelos indicadores.

Assim, algumas condutas possíveis são:

- acompanhar os dados oficiais brasileiros, pois é necessário averiguar os números divulgados concernentes ao PIB por setor, a fim de analisá-los e, com isso, embasar conclusões;
- buscar informações nos meios de comunicação (como o rádio – a emissora Voz do Brasil, por exemplo, que, embora muitos considerem maçante, divulga a direção tomada pelos governantes). Tais canais informam frequentemente os indicadores econômicos e quais são os setores cuja produtividade e progresso vêm sendo alavancados;
- assistir a debates e seminários sobre o crescimento do PIB, visto que ele afere tudo o que foi produzido no país em certo recorte temporal (que pode ser definido em função das informações buscadas).

❖ examinar relatórios oficiais como os do Instituto de Pesquisa Econômica Aplicada (Ipea), do Departamento Intersindical de Estatística e Estudos Socioeconômicos (Dieese) e do Instituto Brasileiro de Geografia e Estatística (IBGE). Tais institutos publicam dados relevantes quanto à economia do país e oferecem um norte sobre a situação econômica e os diversos âmbitos da economia.

## Síntese

Neste capítulo, esclarecemos:

❖ As moedas funcionam como mecanismo de medição das trocas efetuadas e da poupança.
❖ Existem três tipos de moedas: a moeda metálica, que é utilizada para pequenas trocas; o papel-moeda, que é emitido pelo Bacen; e a moeda escritural, que concerne aos depósitos realizados em bancos.
❖ Os bancos comerciais têm o poder de criar moedas por meio de empréstimos do saldo do que não seja depósito compulsório.
❖ Os tributos devem seguir três princípios: neutralidade, equidade e constitucionalidade.
❖ A taxa de câmbio pode ser fixa ou flutuante, mas, atualmente, a maioria dos países emprega o segundo tipo.
❖ Desenvolvimento e crescimento econômico são aspectos distintos no que se refere ao bem-estar e à qualidade de vida de uma população.
❖ O IDH e o ICP são utilizados para identificar a qualidade de vida da população.
❖ A desindustrialização é um fato que ocorre (ou ainda ocorrerá) em todas as nações, visto que, com o aumento da renda, as demandas da população por produtos industrializados alteram-se todo o tempo.
❖ O setor de serviços, apesar de sua heterogeneidade, tem as próprias dificuldades – necessidade de mais tecnologia, mão de obra qualificada e financiamento com taxas de juros mais baratas, por exemplo.

## Questões para revisão

1. Conforme expusemos, os bancos comerciais precisam manter reservas disponíveis para os clientes depositantes quando estes desejarem fazer seus saques. No entanto, o restante dos depósitos pode ser emprestado. Sobre essa questão, assinale a alternativa correta:
   a) Constitui-se aí a reserva bancária fracionária, um sistema em que os bancos conservam apenas uma fração de seus depósitos sob a forma de reserva.
   b) Constitui-se aí a reserva bancária mediadora, um sistema em que os bancos conservam apenas uma média de seus depósitos sob a forma de reserva.
   c) Constitui-se aí a poupança, um sistema em que os bancos conservam apenas uma parte de seus depósitos sob a forma de poupança.
   d) Constitui-se aí o empréstimo compulsório, um sistema em que os bancos conservam apenas uma fração de seus depósitos sob a forma de reserva.

2. A tributação retrata o total da arrecadação fiscal do governo, representando a soma dos impostos diretos e indiretos e as demais receitas correntes. O princípio que trata da equidade contém outros dois igualmente relevantes. Assinale a alternativa que apresenta o princípio que dispõe sobre a tributação e a renda do contribuinte:
   a) Princípio do benefício: cada indivíduo deve ser tributado consoante os benefícios que colhe dos bens públicos.
   b) Princípio da capacidade de pagamento: cada indivíduo deve ser tributado de acordo com a quantidade de bens e de serviços adquiridos.
   c) Princípio do benefício: cada indivíduo deve ser tributado de acordo com a data das compras realizadas.
   d) Princípio da capacidade de pagamento: cada indivíduo deve ser tributado de acordo com sua capacidade de pagamento.

3. Há grave dificuldade quanto ao entendimento dos conceitos de crescimento e desenvolvimento econômico. Isso se deve ao fato de essas questões serem recentes, por datarem do fim da Segunda Guerra Mundial, quando os países passaram a observar as dificuldades de seu povo. Posteriormente, a preocupação converteu-se em busca por qualidade de vida e bem-estar. Entre as grandes barreiras vividas por países como Rússia e China, podemos destacar:
a) os índices de mortalidade e de natalidade.
b) o histórico desses países, relacionados a sua cultura.
c) a extensão territorial e os aspectos como a cultura e o isolamento social.
d) o continente em que se encontram.

# Considerações finais

Na abertura desta obra, expusemos alguns dos desafios enfrentados em sua elaboração, com destaque para a seleção dos temas (e as implicações ideológicas, filosóficas e educacionais dessa decisão), a articulação entre saberes teóricos e práticos, e o foco na interdisciplinaridade de forma a promover a aproximação entre subáreas da economia e de serviços.

Buscando superar alguns desses desafios, optamos por referenciar uma parcela significativa da literatura especializada e dos estudos científicos a respeito dos temas abordados. Além disso, apresentamos uma diversidade de indicações de temas correlatos ou de continuidade dos assuntos discutidos, para enriquecer o processo de construção de conhecimentos aqui promovido, procurando oferecer exercícios, leitura de artigos e de publicações em *sites* como estímulo à pesquisa, à reflexão e ao aprofundamento das aprendizagens recém-construídas.

Assim, ao longo dos seis capítulos deste livro, discutimos, problematizamos, criamos hipóteses, entre outros procedimentos, questões e noções como o conceito de economia e suas duas grandes áreas, as estruturas de mercados, as possibilidades do setor de serviços e o impacto da desindustrialização no Brasil e no mundo e suas prováveis consequências. Estes são conteúdos de extrema relevância e que esperamos que o auxiliem, leitor, em suas tomadas de decisão em seus planejamentos estratégicos.

# Lista de siglas

Ɛpd – elasticidade-preço da demanda
Ɛpo – elasticidade-preço da oferta
Bacen – Banco Central
BNDES – Banco Nacional de Desenvolvimento Econômico e Social
Caged – Cadastro Geral de Empregados e Desempregados
CDB – Certificado de Depósitos Bancários
CEF – Caixa Econômica Federal
CF – custos fixos
CFMe – custo fixo médio
CMg – custo marginal
Copom – Comitê de Política Monetária
Corecon – Conselho Regional de Economia
CPMF – Contribuição Provisória sobre Movimentação Financeira
CT – custo total
CTMe – custo total médio
CV – custos variáveis

CVMe – custo variável médio
FBCF – Formação Bruta de Capital Fixo
FEM – Fórum Econômico Mundial
FGTS – Fundo de Garantia por Tempo de Serviço
Finep – Financiadora de Estudos e Projetos
GCI – Global Competitiveness Index
IBGE – Instituto Brasileiro de Geografia e Estatística
ICMS – Imposto de Circulação de Mercadoria e Serviços
ICP – Índice de Corrupção Percebida
IDH – Índice de Desenvolvimento Humano
Inep – Instituto Nacional de Estudos e Pesquisas Educacionais Anísio Teixeira
IOF – Imposto sobre Operações Financeiras
IPCA – Índice de Preços ao Consumidor Amplo
Ipea – Instituto Nacional de Pesquisa Econômica Aplicada
IPI – Imposto sobre Produtos Industrializados
IR – Imposto de Renda
ISIC – International Standard Industrial Classification of All Economic Activities (Classificação Industrial Padrão Internacional)
ITBI – Imposto sobre Transmissão de Bens Imóveis
JSIC – Japan Standard Industrial Classification (Sistema de Classificação Industrial Padrão Japonês)
NAICS – North American Industry Classification System (Sistema de Classificação da Industria da América do Norte)
NBS – Nomenclatura Brasileira de Serviços
OMC – Organização Mundial do Comércio
ONU – Organização das Nações Unidas
PE – ponto de equilíbrio
PeD – Pesquisa e desenvolvimento
PGPM – Política de Garantia de Preços Mínimos
PIB – Produto Interno Bruto
Pisa – Programme for International Student Assessment
PMeL – produto médio do trabalho
PMgL – produto marginal do trabalho
Pnad – Pesquisa Nacional por Amostra de Domicílios

PNB – Produto Nacional Bruto
Proef – Programa de Fortalecimento das Instituições Financeiras Federais
Proer – Programa de Estímulo à Recuperação e ao Fortalecimento do Sistema Financeiro Nacional
Proes – Programa de Incentivo à Redução do Setor Público Estadual na Atividade Bancária
PV – preço de venda
QP – quantidade produzida
QV – quantidade vendida
Rais – Relação Anual de Informações Sociais
RMe – receita média
RMg – receita marginal
RT – receita total
Sebrae – Serviço Brasileiro de Apoio às Micro e Pequenas Empresas
Selic – Sistema Especial de Liquidação e Custódia

# Referências

ARUNDEL, A.; KABLA, I. What Percentage of Innovations Are Patented? Empirical Estimates for European Firms. **Research policy**, v. 27, n. 2, p. 127-141, June 1998. Disponível em: <https://core.ac.uk/download/pdf/6818751.pdf>. Acesso em: 1º abr. 2021.

BACEN – Banco Central. **Indicadores selecionados**. 7 out. 2020. Disponível em: <https://www.bcb.gov.br/content/indeco/indicadoresselecionados/IE-20201007.xlsx>. Acesso em: 1 mar. 2021.

BACHA, E.; BOLLE, M. B. de. **O futuro da indústria no Brasil**. Rio de Janeiro: Civilização Brasileira, 2013.

BANCO MUNDIAL. **Um ajuste justo:** análise da eficiência e equidade do gasto público no Brasil. 21 nov. 2017. Disponível em: <https://www.worldbank.org/pt/country/brazil/publication/brazil-expenditure-review-report>. Acesso em: 1º abr. 2021.

BANCO MUNDIAL. **Emprego e crescimento:** a agenda da produtividade/**Competências e empregos:** uma agenda para a juventude. 7 mar. 2018. Disponível em: <https://www.worldbank.org/pt/country/brazil/publication/brazil-productivity-skills-jobs-reports>. Acesso em: 1º abr. 2021.

BARANES, E.; TROPEANO, J. P. Why Are Technological Spillovers Spatially Bounded? A Market Orientated Approach. **Regional Science and Urban Economics**, v. 33, i. 4, p. 445-466, July 2003.

BRASIL. Decreto n. 5.563, de 11 de outubro de 2005. **Diário Oficial da União**, Poder Executivo, Brasília, DF, 13 out. 2005. Disponível em: <https://www.planalto.gov.br/ccivil_03/_ato2004-2006/2005/decreto/d5563.htm>. Acesso em: 1º abr. 2021.

BRASIL. Lei n. 10.943, de 16 de setembro de 2004. **Diário Oficial da União**, Poder Judiciário, Brasília, DF, 17 set. 2004. Disponível em: <https://www.planalto.gov.br/ccivil_03/_ato2004-2006/2004/lei/l10.943.htm>. Acesso em: 1º abr. 2021.

BRASIL. Ministério da Economia. **Classificação dos setores de serviços**. Disponível em: <http://www.mdic.gov.br/index.php/comercio-exterior/negociacoes-internacionais/217-negociaco es-internacionais-de-servicos/1942-ni-classificacao-dos-seto res-de-servicos>. Acesso em: 1º abr. 2021a.

BRASIL. Ministério do Desenvolvimento, Indústria e Comércio Exterior. **Atlas Nacional de Comércio e Serviço**. Brasília, 2013. Escalas variam. Disponível em: <https://biblioteca.ibge.gov.br/visualizacao/livros/liv87341.pdf>. Acesso em: 1º abr. 2021.

BRASIL. Senado Federal. Leis para avanço de ciência, tecnologia e inovação em empresas e universidades do Brasil. Em discussão. Disponível em: <https://www.senado.gov.br/noticias/Jornal/emdiscussao/inovacao/projeto-de-lei-codigo-ciencia-tecnologia-e-inovacao/leis-para-avanco-de-ciencia-tecnologia-e-inovacao-em-empresas-e-universidades-do-brasil.aspx>. Acesso em: 1º abr. 2021b.

BRASIL. Senado Federal. Oligopólio: Tendência do mercado de telecomunicações é de oligopólio. Em discussão. Disponível em: <https://www.senado.gov.br/noticias/Jornal/emdiscussao/banda-larga/oligopolio.aspx#:~:text=Tend%C3%AAncia%20do%20mercado%20de%20telecomunica%C3%A7%C3%B5es%20%C3%A9%20de%20oligop%C3%B3lioEtext=%E2%80%9CA%20oferta%20do%20acesso%20%C3%A0,estudo%20do%20Ipea%20de%202009>. Acesso em: 1º abr. 2021c.

CARDOSO, B. F.; PAIXÃO, A. N. da; NASCIMENTO, J. dos S. O processo de desindustrialização no Brasil: análise empírica dos anos de 1990 a 2009. **RDE – Revista de Desenvolvimento Econômico**, Salvador, v. 14, n. 25, p. 121-132, jun. 2012. Disponível em: <https://revistas.unifacs.br/index.php/rde/article/view/2127/1616>. Acesso em: 1º abr. 2021.

CHAE, B. K. An Evolutionary Framework for Service Innovation: Insights of Complexity Theory for Service Science. **International Journal of Production Economics**, v. 135, i. 2, p. 813-822, Feb. 2012.

CHEN, Z. et al. Development of Location-Based Services for Recommending Departure Stations to Park and Ride Users. **Transportation Research Part C: Emerging Technologies**, v. 48, p. 256-268, Nov. 2014.

CLARK, C. The Conditions of Economic Progress. London: MacMillan, 1940.

CRUZ, M. J. V. da. et al. **Structural Change and the Service Sector in Brazil.** 2008. Disponível em: <http://www.economiaetecnologia.ufpr.br/textos_discussao/texto_para_discussao_ano_2008_texto_05.pdf >. Acesso em: 1º abr. 2021.

DANIELS, P. W.; O'CONNOR, K.; HUTTON, T. A. The Planning Response to Urban Service Sector Growth: an International Comparison. **Growth and Change**, v. 22, i. 4, p. 3-26, Oct. 1991.

DIEESE – Departamento Intersindical de Estatística e Estudos Econômicos. **Desindustrialização:** conceito e a situação do Brasil. 2011. Disponível em: <https://www.dieese.org.br/notatecnica/2011/notaTec100Desindustrializacao.html>. Acesso em: 1º abr. 2021.

DURANTON, G.; PUGA, D. Micro-Foundations of Urban Agglomeration Economies. 2003. Disponível em: <https://diegopuga.org/papers/urbanagg.pdf>. Acesso em: 1º abr. 2021.

ENZ, C. A. Strategies for the Implementation of Service Innovations. **Cornell Hospitality Quarterly**, v. 53, i. 3, p. 187-195, 2012. Disponível em: <https://ecommons.cornell.edu/bitstream/handle/1813/71729/Enz5_Strategies_for_the_Implemantation.pdf?sequence=1&isAllowed=y>. Acesso em: 1º abr. 2021.

ESSÉN, A. The Emergence of Technology-Based Service Systems: a Case Study of a Telehealth Project in Sweden. **Journal of Service Management**, v. 20, n. 1, p. 98-121, mar. 2009.

FITZSIMMONS, J. A.; FITZSIMMONS, M. J. **Administração de serviços:** operações, estratégia e tecnologia da informação. Tradução de Lene Belon Ribeiro. 6. ed. Porto Alegre: Bookman, 2011.

FREIRE, C. T. Um estudo sobre os serviços intensivos em conhecimento no Brasil. In: NEGRI, J. A. de; KUBOTA, L. C. (Org.). **Estrutura e dinâmica do setor de serviços no Brasil.** Ipea, 2006. p. 107-132. Disponível em: <https://www.ipea.gov.br/portal/images/stories/PDFs/livros/capitulo_4_kibs.pdf>. Acesso em: 1º abr. 2021.

GADREY, J.; GALLOUJ, F.; WEINSTEIN, O. New Modes of Innovation: How Services Benefit Industry. International Journal of Service Industry Management, v. 6, n. 3, p. 4-16, 1995. Disponível em: <https://halshs.archives-ouvertes.fr/halshs-01114102/document>. Acesso em: 1º abr. 2021.

GARCIA, M. E.; VASCONCELLOS, M. A. S. de. **Fundamentos de economia.** São Paulo: Saraiva, 2004.

GARCIA, M. E.; VASCONCELLOS, M. A. S. de. **Fundamentos de economia.** São Paulo: Saraiva, 2009.

GARCIA, M. E.; VASCONCELLOS, M. A. S. de. **Fundamentos de economia.** São Paulo: Saraiva, 2011.

GARCIA, M. E.; VASCONCELLOS, M. A. S. de. **Fundamentos de economia.** São Paulo: Saraiva, 2012.

GARCIA, M. E.; VASCONCELLOS, M. A. S. de. **Fundamentos de economia.** São Paulo: Saraiva, 2014.

GARCIA, M. E.; VASCONCELLOS, M. A. S. de. **Fundamentos de economia.** São Paulo: Saraiva, 2019.

GORDON, I. R.; MCCANN, P. Industrial Clusters: Complexes, Agglomeration and/or Social Networks? **Urban Studies**, v. 37, n. 3, p. 513-532, mar. 2000.

GRONROOS, C. **Service Management and Marketing:** Managing Moments of Truth in Service Competition. Lexington: Lexington Books, 1990.

GUILE, B. R.; BROOKS, H. (Ed.). **Technology and Global Industry**: Companies and Nations in the World Economy. Washington: National Academy Press, 1987.

HAGEDOORN J.; CLOODT, M. Measuring Innovative Performance: is There an Advantage in Using Multiple Indicators? **Research Policy**, v. 32, p. 1365-1379, 2003. Disponível em: <https://core.ac.uk/download/pdf/6787231.pdf>. Acesso em: 1º abr. 2021.

HERTOG, P. D. Knowledge-Intensive Business Services as Co-Producers of Innovation. **International Journal of Innovation Management**, v. 4, n. 4, p. 491-528, 2000.

HJALAGER, A-M.; KONU, H. Co-Branding and Co-Creation in Wellness Tourism: the Role of Cosmeceuticals. **Journal of Hospitality Marketing & Management**, v. 20, p. 879-901, Oct. 2011. Disponível em: <http://gtb.unaux.com/Teachers/SampleArticles/3a.pdf?i=1>. Acesso em: 1º abr. 2021.

HORTA, G. T. de L.; GIAMBIAGI, F. **Perspectivas Depec 2018**: o crescimento da economia brasileira 2018-2023. BNDES, 2018. Disponível em: <https://web.bndes.gov.br/bib/jspui/bitstream/1408/14760/1/Perspectivas%202018-2023_P.pdf>. Acesso em: 1º abr. 2021.

IBGE – Instituto Nacional de Geografia e Estatística. **Contas Nacionais Trimestrais**: 2º trimestre de 2020. 2020b. Disponível em: <https://agenciadenoticias.ibge.gov.br/media/com_mediaibge/arquivos/330b1f2240a851ff4ddf8413ec31ec19.pdf>. Acesso em: 1º abr. 2021.

IBGE – Instituto Nacional de Geografia e Estatística. **Contas Nacionais Trimestrais**: indicadores de volume e valores correntes – jul./set. 2018. 2018. Disponível em: <https://biblioteca.ibge.gov.br/visualizacao/periodicos/2121/cnt_2018_3tri.pdf>. Acesso em: 1º abr. 2021.

IBGE – Instituto Nacional de Geografia e Estatística. **Contas Nacionais Trimestrais:** indicadores de volume e valores correntes – jan./mar. 2020. 2020a. Disponível em: <https://biblioteca.ibge.gov.br/visualizacao/periodicos/2121/cnt_2020_1tri.pdf>. Acesso em: 1º abr. 2021.

IBGE – Instituto Nacional de Geografia e Estatística. **Pesquisa Anual de Serviços.** 2017. Disponível em: <https://biblioteca.ibge.gov.br/visualizacao/periodicos/150/pas_2017_v19_informativo.pdf>. Acesso em: 1º abr. 2021.

IBGE – Instituto Nacional de Geografia e Estatística. **Pesquisa Nacional por Amostra de Domicílios Contínua:** 2º trimestre de 2016. 2016. Disponível em: <https://biblioteca.ibge.gov.br/visualizacao/periodicos/2421/pnact_2016_2tri.pdf>. Acesso em: 1º abr. 2021.

IBGE – Instituto Nacional de Geografia e Estatística. **Principais resultados:** dados econômicos de empresas de serviços, 2017. Disponível em: <https://www.ibge.gov.br/estatisticas/economicas/servicos/9028-pesquisa-anual-de-servicos.html?edicao=25270&t=destaques>. Acesso em: 1º abr. 2021.

INPI – Instituto Nacional da Propriedade Industrial. **Patentes.** 29 jul. 2020. Disponível em: <https://www.gov.br/inpi/pt-br/servicos/perguntas-frequentes/patentes#:~:text=Patente%20%C3%A9%20um%20t%C3%ADtulo%20de,de%20direitos%20sobre%20a%20cria%C3%A7%C3%A3o>. Acesso em: 1º abr. 2021.

IPEA – Instituto de Pesquisa Econômica Aplicada. **O setor de serviços no Brasil:** uma visa global – 1985/95. Rio de Janeiro, 1998. Texto para discussão n. 549. Disponível em: <http://repositorio.ipea.gov.br/bitstream/11058/2381/1/td_0549.pdf>. Acesso em: 1º abr. 2021.

JACINTO, P. de A.; RIBEIRO, E. P. Crescimento da produtividade no setor de serviços e da indústria no Brasil: dinâmica e heterogeneidade. **Economia Aplicada**, v. 19, n. 3, p. 401-427, 2015. Disponível em: <https://www.scielo.br/pdf/ecoa/v19n3/1413-8050-ecoa-19-03-0401.pdf>. Acesso em: 19 fev. 2021.

KLEINKNECHT, A. (Ed.). **Determinants of Innovation**: the Message from New Indicators. London: MacMillan, 1996.

KNOBEN, J.; OERLEMANS, L. A. G. Proximity and Inter-Organizational Collaboration: A Literature Review. **International Journal of Management Reviews**, v. 8, i. 2, p. 71-89, June 2006.

KRISTENSSON, P.; MATTHING, J.; JOHANSSON, N. Key Strategies for the Successful Involvement of Customers in the Co-Creation of New Technology-Based Services. **International Journal of Service Industry Management**, v. 19, n. 4, p. 474-491, 2008.

KUBOTA, L. C. A inovação tecnológica das firmas de serviços no Brasil. In: NEGRI, J. A. de; KUBOTA, L. C. (Org.). **Estrutura e dinâmica do setor de serviços no Brasil**. Brasília: Ipea, 2006. p. 35-72. Disponível em: <https://www.ipea.gov.br/portal/images/stories/PDFs/livros/capitulo_2__kubota.pdf>. Acesso em: 1º abr. 2021.

LIU, S. et al. Virtual Agglomeration of Producer Services and the Changing Geography of Innovation Systems: Implications for Developing Countries. **Journal of Service Science and Management**, v. 13, i. 2, p. 408-419, Apr. 2020.

LOVELOCK, C. H.; WIRTZ, J. **Services Marketing**: People, Technology, Strategy. 6. ed. Upper Saddle River: Pearson, 2007.

MANKIW, N. G. **Macroeconomia**. Tradução de Teresa Cristina Padilha de Souza. 7. ed. Rio de Janeiro: LTC, 2010.

MARSHALL, A. Principles of Economic. London: MacMillan, 1980.

MARTINUS, K.; SUZUKI, J.; BOSSAGHZADEH, S. Agglomeration Economies, Interregional Commuting and Innovation in the Peripheries. Regional Studies, v. 54, n. 6, p. 776-788, ago. 2019.

MESSA, A. **Impacto da taxa de câmbio sobre a competitividade da indústria brasileira.** Ipea, 2017.

MITTAL, S.; DHAR, R. L. Transformational Leadership and Employee Creativity. Management Decision, v. 53, n. 5, p. 894-910, 2015.

MORA, M. A evolução do crédito no Brasil entre 2003 e 2010. Rio de Janeiro: Ipea, 2015. Texto para discussão 2022. Disponível em: <https://www.ipea.gov.br/portal/images/stories/PDFs/TDs/td2022.pdf>. Acesso em: 1º abr. 2021.

MOULAERT, F.; SEKIA, F. Territorial Innovation Models: a Critical Survey. Regional Studies, v. 37, n. 3, p. 289-302, 2003.

NEGRI, J. A. de; KUBOTA, L. C. (Org.). **Estrutura e dinâmica do setor de serviços no Brasil.** Brasília: Ipea, 2006.

NOGAMI, O.; PASSOS, C. R. M. **Princípios de economia.** 6. ed. rev. São Paulo: Cengage, 2013.

NOGAMI, O.; PASSOS, C. R. M. **Princípios de economia.** 7. ed. rev. São Paulo: Cengage, 2016.

OCDE – Organização para a Cooperação e Desenvolvimento Econômico. Disponível em: <http://www.oecd.org/>. Acesso em: 1º abr. 2021.

OCDE – Organização para a Cooperação e Desenvolvimento Econômico. **Relatórios econômicos OCDE: Brasil**. fev. 2018. Disponível em: <http://www.oecd.org/economy/surveys/Brazil-2018-OECD-economic-survey-overview-Portuguese.pdf>. Acesso em: 1º abr. 2021.

OCDE – Organização para a Cooperação e Desenvolvimento Econômico; FINEP – Financiadora de Estudos e Projetos. **Manual de Oslo**: diretrizes para coleta e interpretação de dados sobre inovação. 3. ed. Rio de Janeiro, 2006. Disponível em: <http://www.finep.gov.br/images/apoio-e-financiamento/manualoslo.pdf>. Acesso em: 1º abr. 2021.

OULTON, N. Must the Growth Rate Decline? Baumol's Unbalanced Growth Revisited. **Oxford Economic Papers**, v. 53, n. 4, p. 605-627, out. 2001.

PINDYCK, R.; RUBINFELD, D. **Microeconomia**. Tradução de Daniel Vieira. 8. ed. São Paulo: Pearson, 2013.

SABOLO, M. Y. **The Service Industries**. Geneva: International Labour Office, 1975.

SALVADOR-CARULLA, L. et al. Evaluation of an Integrated System for Classification, Assessment and Comparison of Services for Long-Term Care in Europe: the eDESDE-LTC Study. **BMC Health Services Research**, v. 13, n. 218, p. 1-12, 2013. Disponível em: <https://bmchealthservres.biomedcentral.com/track/pdf/10.1186/1472-6963-13-218.pdf>. Acesso em: 1º abr. 2021.

SAMUELSON, P. A.; NORDHAUS, W. D. **Economia**. Tradução de Robert Brian Taylor. 22. ed. Rio de Janeiro: McGraw-Hill, 2012.

SANDRONI, P. (Org.). **Novíssimo dicionário de economia**. São Paulo: Best Seller, 1999.

SCHUMPETER, J. A. **Teoria do desenvolvimento econômico**: uma investigação sobre lucros, capital, crédito, juro e o ciclo econômico. São Paulo: Abril, 1982.

SHAH, T. et al. CNT-Infused Glass Fiber Materials and Process Therefor. 12/611,070, 2 Nov. 2009. Disponível em: <https://patentimages.storage.googleapis.com/ba/74/0f/b3656eb6f4418d/US20100279569A1.pdf>. Acesso em: 1º abr. 2021.

SILVA, A. M. Dinâmica da produtividade do setor de serviços no Brasil: uma abordagem microeconômica. In: NEGRI, J. A. de; KUBOTA, L. C. (Org.). Estrutura e dinâmica do setor de serviços no Brasil. Brasília: Ipea, 2006. p. 73-105. Disponível em: <https://www.ipea.gov.br/portal/images/stories/PDFs/livros/capitulo_3_dinamica.pdf>. Acesso em: 1º abr. 2021.

SILVA, C. R. L. da; LUIZ, S. Economia e mercados: introdução à economia. 18. ed. São Paulo: Saraiva, 2001.

SINGELMANN, J. The Sectoral Transformation of the Labor Force in Seven Industrialized Countries, 1920-1970. American Journal of Sociology, v. 83, n. 5, p. 1224-1234, Mar. 1978.

SMITH, A. A riqueza das nações: uma investigação sobre a natureza e as causas da riqueza das nações. Tradução de Norberto de Paula Lima. 4. ed. Rio de Janeiro: Nova Fronteira, 2017.

SOUZA, K. B. de; BASTOS, S. Q. de A.; PEROBELLI, F. S. As múltiplas tendências da terciarização: uma análise insumo produto da expansão do setor de serviços. In: ENCONTRO NACIONAL DE ECONOMIA, 39., 2011, Foz do Iguaçu. Disponível em: <https://www.anpec.org.br/encontro/2011/inscricao/arquivos/000-4299d947282ff216d95d4fef779b72a0.pdf>. Acesso em: 1º abr. 2021.

SOUZA, N. de J. de. Economia básica. São Paulo: Atlas, 2007.

SQUEFF, G. C. et al. **Produtividade no Brasil nos anos 2000-2009**: análise das Contas Nacionais. Ipea, 2012. Disponível em: <https://www.ipea.gov.br/portal/images/stories/PDFs/comunicado/120203_comunicadoipea133.pdf>. Acesso em: 1º abr. 2021.

VARIAN, H. R. **Microeconomia intermédia**: uma abordagem moderna. Tradução de Jorge Pereira Martins. 8. ed. Lisboa: Verlag Dashofer, 2010.

VASCONCELLOS, M. A. S. de. **Economia**: micro e macro. São Paulo: Atlas, 2004.

VASCONCELLOS, M. A. S. de. **Economia**: micro e macro. 5. ed. São Paulo: Atlas, 2011.

USA – United States of America. Bureau of Labor Statistics. **International Comparisons of Annual Labor Force Statistics, 1970-2012**. 2013. Disponível em: <https://www.bls.gov/fls/flscomparelf.htm>. Acesso em: 1º abr. 2021.

YE, Z.; JIANG, L. Computer Simulation of the Entrepreneurial Conduction in Virtual E-Business Clusters. **Eurasip Journal on Wireless Communications and Networking**, p. 1-7, 2018.

ZEITHAML, V. A.; BITNER, M. J. **Services Marketing**: Integrating Customer Focus Across the Firm. New York: McGraw-Hill, 1996.

# Bibliografia comentada

FITZSIMMONS, J. A.; FITZSIMMONS, M. J. **Administração de serviços:** operações, estratégia e tecnologia da informação. Tradução de Lene Belon Ribeiro. 6. ed. Porto Alegre: Bookman, 2011.

Por examinar o setor de serviços e sua função na economia global, esse livro constitui-se uma leitura fundamental. Os autores, utilizando dados consistentes, abordam sua construção histórica e a ampliação de sua participação no PIB e na geração de empregos. Em razão da discussão que promove, a obra contribui para o entendimento de como a evolução tecnológica, de maneira geral, e o intenso emprego das tecnologias vêm condicionando a criação de novos serviços e aprimorando os já existentes. Quanto ao contexto nacional, as explanações expostas no livro evidenciam, ainda, a redefinição de estratégias em conformidade com disposições do governo, bem como a inexistência da requisição de mão de obra qualificada para ingresso no referido setor, o qual incorpora uma mão de obra que tende a ficar mais tempo no mercado de trabalho.

MANKIW, N. G. **Macroeconomia**. Tradução de Teresa Cristina Padilha de Souza. 7. ed. Rio de Janeiro: LTC, 2010.

Nesse livro, o autor trata das políticas públicas e de fatores que afetaram a economia em certos recortes temporais, promovendo análises de aspectos de curto (ciclo de negócios e políticas de estabilização, por exemplo) e longo prazos (como persistência da inflação e efeitos do endividamento do governo) e, por conseguinte, relacionando os fatos econômicos à realidade social. Por meio de exemplos, na obra, são detalhados a teoria dos fundos de empréstimos, a teoria quantitativa da moeda e o problema da inconsistência temporal, com enfoque em uma variedade de modelos simples, a macroeconomia. Sendo assim, possibilita ao leitor refletir tanto sobre questões enfrentadas por todas as economias mundiais quanto sobre episódios dramáticos, o que torna o estudo desse material sempre curioso e interessante.

NOGAMI, O.; PASSOS, C. R. M. **Princípios de economia**. 7. ed. rev. São Paulo: Cengage, 2016.

Esse livro, por meio de linguagem acessível, abordagem atual e riqueza de exemplos, faz uma introdução aos problemas econômicos, explicando como as sociedades se organizam a fim de resolver suas questões econômicas fundamentais: economias de mercado, planificada centralmente e mista. Além disso, nesse trabalho, os autores discorrem sobre noções gerais de microeconomia; o problema da escassez; os dilemas da economia; e o comportamento dos indivíduos como consumidores, das firmas e do governo, com a definição simples e atual da teoria microeconômica e o exame do funcionamento do mercado. Como seus dados estatísticos referentes à economia brasileira são recentes, a obra é bastante recomendada aos leitores que empreendem seu primeiro contato com a teoria econômica e aos que desejam consolidar certos conhecimentos basilares.

PINDYCK, R.; RUBINFELD, D. **Microeconomia**. Tradução de Daniel Vieira. 8. ed. São Paulo: Pearson, 2013.

Essa é uma obra clássica sobre a teoria econômica. Ela apresenta exemplos atuais da teoria microeconômica e demonstra que o bom entendimento desse ramo da economia é vital para: a tomada de decisões em firmas, o planejamento, a compreensão das políticas públicas e, de maneira geral, o entendimento de como funciona a economia moderna. Até mesmo para interpretar as notícias do dia a dia, é preciso reconhecer como a microeconomia afeta a todos. Soma-se a isso a explanação sobre uma estratégia competitiva usada por grandes empresas para conquistar mais espaço ante a concorrência: a teoria dos jogos.

SOUZA, N. de J. de. **Economia básica**. São Paulo: Atlas, 2007.

Esse livro auxilia na introdução ao raciocínio econômico, apresentando os primeiros elementos da economia: a evolução do pensamento econômico; o funcionamento do mercado de bens e de serviços; a oferta; a demanda; e o equilíbrio de mercado. São também abordados nesse estudo: o mercado de bens e de fatores e a contabilidade social, temas que clarificam o entendimento dos agregados macroeconômicos básicos, da análise da renda e do estabelecimento de políticas econômicas. Ainda, discute as causas e os efeitos da inflação; as relações da economia com o exterior e com as finanças públicas; e o desenvolvimento econômico, enfatizando o crescimento econômico, a moeda, os juros e a liquidez, que são análises imprescindíveis para qualquer indivíduo que pretenda gerir um negócio, seja de qual área for.

VASCONCELLOS, M. A. S. de. **Economia**: micro e macro. 5. ed. São Paulo: Atlas, 2011.

O objetivo desse livro é um pouco diferente dos anteriores, pois o autor apresenta os métodos microeconômicos de modo a permitir aos leitores aplicar, por si mesmos, as ferramentas trabalhadas, em vez de apenas assimilar, passivamente, os casos analisados. No entanto, sua leitura é um grande desafio, pois requer conhecimentos matemáticos.

# Respostas

## Capítulo 1

### Questões para revisão

1» a
2» d
3» d
4» b

## Capítulo 2

### Questões para revisão

1» d
2» a
3» b
4» d

Para facilitar o entendimento, efetuemos, separadamente, a variação percentual da quantidade e do preço. Por fim, encontremos a elasticidade-preço de demanda (€pd).

A mudança na quantidade foi de 15 mil pães para menos (100 mil – 85 mil). Em termos percentuais, isso equivale a 15%, pois:

$$\frac{[100(85 - 100)\%]}{100} = 15\%$$

O ajuste no preço foi de R$ 0,20 para mais (R$ 2,20 – R$ 2,00). Em termos percentuais, isso equivale a 10%, pois:

$$\frac{[100(2,20 - 2,00)\%]}{2,00} = 10\%$$

Esses percentuais podem também ser calculados por meio de uma regra de três simples. Confira a seguir:
Se a quantidade era 100 mil e caiu para 85 mil, houve uma queda de 15 mil. Então, se 100 mil equivalem a 100%, a quanto equivaleria 15 mil? Vejamos:

100x = 100 × 15
x = 1500 / 100
x = 15%

Da mesma forma, calculemos o preço. Se aumentou de R$ 2,00 para R$ 2,20, o ajuste foi de R$ 0,20. Se R$ 2,00 era 100% do preço, qual seria o percentual equivalente a R$ 0,20? Vejamos:

2x = 100 × 0,20
x = 20 / 2
x = 10%

Então, a elasticidade dessa mudança é de:

$\epsilon pd = \dfrac{15\%}{10\%}$

$\epsilon pd = 1,5\%$

Dica: Você pode estar estranhando que apareçam, no cálculo, o símbolo % e o número 100, visto que não constavam na fórmula. Isso é para que não se esqueça de multiplicar por 100, uma vez que o resultado, obrigatoriamente, é dado em percentual; logo, "%" deve figurar sempre na resposta da elasticidade.

## Capítulo 3

### Questões para revisão

1» b

O PMeL é 19, e o PMgL começa a decrescer a partir da 8ª unidade. Como explicamos no capítulo, o PMgL demonstra o volume de produção adicional gerado ao se acrescentar uma unidade de insumo ao trabalho. Após a 8ª unidade, perde-se a capacidade de obter vantagem com os mesmos equipamentos e instalações disponíveis. Portanto, as quantidades adicionais de trabalho tornam-se inúteis e podem ser contraproducentes.

Tabela A – Produção com um insumo variável (preenchida)

| Quantidade de trabalho (L) | Quantidade de capital (K) | Produto total (q) | Produto médio (q/L) | Produto marginal ($\Delta q/\Delta L$) |
|---|---|---|---|---|
| 0 | 5 | 0 | – | – |
| 1 | 5 | 10 | 10 | 1 |
| 2 | 5 | 30 | 15 | 20 |
| 3 | 5 | 60 | 20 | 30 |
| 4 | 5 | 80 | 20 | 20 |
| 5 | 5 | 95 | 19 | 15 |
| 6 | 5 | 108 | 18 | 13 |
| 7 | 5 | 112 | 16 | 4 |
| 8 | 5 | 108 | 14 | -4 |

2» a
3» d

## Capítulo 4

### Questões para revisão

1» b.

Cabe destacar que esse modelo é o padrão em empresas de comunicação e que tal cobrança pode ser feita de maneira inversa, ou seja, com um valor de utilização baixo, próximo ao do custo marginal.

2» b

3» a

A competição entre restaurantes centra-se em vender produtos singulares, facilmente substituíveis por outros, embora essa troca não seja perfeita. As elasticidades de preço da demanda cruzada são amplas, mas finitas.

## Capítulo 5

### Questões para revisão

1» b

$Y = C + I + G + (X - M)$

$Y = 3740 + 1045 + 1190 + (846 - 780)$

$Y = 5975 + (66)$

$Y = \$ 6041$

$(X - M) = 66 > 0$

Sendo assim, há *superavit* das exportações sobre as importações – ou seja, o país exporta mais do que importa, com mais moeda estrangeira entrando do que saindo. Portanto, a equação fica positiva.

2» d

Acredita-se que a indústria, para manter melhor produtividade e mão de obra mais qualificada, tem um salário diferente do praticado no setor de serviços.

3» a

# Capítulo 6

## Questões para revisão

1» a
2» d
Por exemplo, o IR está ligado à renda do contribuinte.
3» c

## Sobre a autora

**Iara Chaves** é administradora de empresas, especialista em Formação Pedagógica pela Universidade Luterana do Brasil (Ulbra) e em Gestão de Pessoas pela Pontifícia Universidade Católica do Rio Grande do Sul (PUCRS). É mestre em Economia do Desenvolvimento Regional pela PUCRS e doutora em Qualidade Ambiental pela Universidade Feevale. Foi docente dos cursos profissionalizantes e tecnólogos da Faculdade e Escolas Técnicas QI e, atualmente, é gestora de recursos humanos em grandes empresas nacionais e multinacionais, assim como conteudista, com capítulos sobre hidrologia e gestão de resíduos sólidos já publicados e, mais recentemente, dois capítulos em que analisa os impactos da Covid-19 sobre a economia brasileira (disponíveis em *Living with Covid-19: Economics, Ethics, and Environmental Issues*).

Os papéis utilizados neste livro, certificados por instituições ambientais competentes, são recicláveis, provenientes de fontes renováveis e, portanto, um meio **respons**ável e natural de informação e conhecimento.

**FSC**
www.fsc.org
**MISTO**
Papel produzido a partir de fontes responsáveis
FSC® C103535

Impressão: Reproset
Maio/2021